Logística & Administração Contemporânea

Adonai José Lacruz

Robson Malacarne

Organizadores

Logística & Administração Contemporânea

Capa: Media Art

Diagramação: Edit

Editoração eletrônica: Kindle Direct Publishing (KDP)

ISBN 978-17-240-3298-0

CIP-Brasil. Catalogação-na-fonte

Lacruz, Adonai José
    Logística e administração contemporânea / Adonai José Lacruz, Robson Malacarne. –
Viana, Independently published, 2018.
    160p. : 15,24 cm

    Vários autores
    Bibliografia
    ISBN 978-17-240-3298-0

    1. Logística   2. Administração – contemporânea.
    I. Título

CDD: 958.78

Sumário

Colaboradores

Adonai José Lacruz

Professor efetivo do Instituto Federal do Espírito Santo (Ifes) – *campus* avançado Viana e professor colaborador do Programa de Pós-graduação em Administração (PPGAdm) da Universidade Federal do Espírito Santo (UFES). Colíder do grupo de pesquisa Logística e Administração Contemporânea. Doutor em Administração pela UFES. Atualmente faz estágio de pós-doutorado na FUCAPE *Business School*, com bolsa CNPq/PDJ.

Adriana da Costa Barbosa

Professora efetiva do Instituto Federal do Espírito Santo (Ifes) – *campus* avançado Viana. Mestra em Informática pela Universidade Federal do Espírito Santo (UFES).

Bianca Passos Arpini

Professora efetiva do Instituto Federal do Espírito Santo (Ifes) – *campus* avançado Viana. Mestra em Engenharia Civil pela Universidade Federal do Espírito Santo (UFES).

Carolayne Gonçalves da Silva

Estudante do curso de Licenciatura em Pedagogia da Universidade Federal do Espírito Santo (UFES).

Gladyson Brommonschenkel Demonier

Professor efetivo do Instituto Federal do Espírito Santo (IFES) – *campus* avançado Viana. Mestre em Ciências Contábeis pela Universidade Federal do Espírito Santo (UFES).

Jéssica Rodrigues Siqueira

Estudante do curso de Licenciatura em Pedagogia da Universidade Federal do Espírito Santo (UFES).

Juliana Lobato Demonier

Técnico Bancário do Banco do Brasil. Bacharel em Ciências Contábeis pela Universidade Federal do Espírito Santo (UFES).

Mirian Albert Pires

Professora efetiva da Universidade Federal Espírito Santo (UFES). Doutora em Administração pela Fundação Getúlio Vargas (FGV).

Moisés Balassiano

Coordenador Executivo dos Cursos de Pós-graduação *lato sensu* na Pontifícia Universidade Católica do Rio de Janeiro (PUC-Rio), onde é também professor do quadro complementar. Doutor em Psicologia Quantitativa pela *University of Illinois*.

Paulo Henrique dos Santos

Professor efetivo do Instituto Federal do Espírito Santo (IFES) – *campus* avançado Viana. Mestre em Engenharia de Produção e Sistemas pela Pontifícia Universidade Católica de Goiás (PUC-GO).

Renato Santos Pereira

Professor efetivo do magistério público estadual do Espírito Santo. Mestre em Engenharia da Produção pela Universidade Federal do Rio de Janeiro (COPPE/UFRJ).

Robson Malacarne

Professor efetivo do Instituto Federal do Espírito Santo (Ifes) – *campus* avançado Viana. Colíder do grupo de pesquisa Logística e Administração Contemporânea. Doutor em Administração pela Universidade Presbiteriana Mackenzie com período Sanduíche na Universidade de Lisboa. Atualmente faz estágio de pós-doutorado na Universidade de Coimbra.

Rodrigo de Alvarenga Rosa

Professor efetivo da Universidade Federal do Espírito Santo (UFES), Coordenador do Programa de Pós-Graduação em Engenharia Civil (PPGE) da UFES e professor permanente do Programa de Pós-Graduação em Gestão Pública (PGGP) da UFES. Doutor em Engenharia Elétrica pela UFES. Fez pós-doutorado em Engenharia de Transportes na Universidade Federal do Rio de Janeiro (COPPE/UFRJ).

Samara de Oliveira

Estudante do curso de Licenciatura em Pedagogia da Universidade Federal do Espírito Santo (UFES).

Solange da Silva

Professora efetiva da Pontifícia Universidade Católica de Goiás (PUC-GO). Doutora em Engenharia Elétrica pela Universidade Federal de Uberlândia (UFU).

Valcemiro Nossa

Professor e Diretor da FUCAPE *Business School*, Vice Presidente de Conteúdo e Inovação do IBEF-ES. Doutor em Controladoria e Contabilidade pela Universidade de São Paulo (FEA/USP).

Prefácio

A logística tem um papel estratégico na busca de competitividade e o planejamento de suas operações exige uma estrutura diferenciada, dotada de recursos humanos e técnicos em condição de atender às necessidades e expectativas das empresas. Isso tem demandado significativos investimentos por parte das empresas do setor e daquelas cujas atividades de logística tenham dimensões expressivas, a ponto de afetar o desempenho do negócio.

A logística está presente em praticamente todas as atividades empresariais, mas o conceito de logística não é bem compreendido no mundo dos negócios. Nas discussões em torno do tema sempre predominam a deficiência dos investimentos públicos, mas ao contrário da visão tradicional, logística é muito mais que o transporte de mercadorias. Sua importância tornou-se vital para a produtividade, a eficiência e a rentabilidade das empresas.

Há dez anos tive a oportunidade de visitar na Alemanha empresas de referência que utilizam sistemas logísticos e que desenvolvem softwares, portos como o de Hamburgo e Berlim, o Instituto Fraunhofer IML, referência em pesquisa aplicada e consultoria para empresas, e Universidades que atuam em Logística, e pude constatar que aquele país já tratava as questões logísticas como um diferencial competitivo.

Entendendo a amplitude da logística no mundo dos negócios, os autores deste livro se dedicaram à pesquisa em diversos temas logísticos, com aplicação de ferramentas no mundo real que tornam processos mais eficazes e produtivos. É uma pequena, mas relevante, contribuição para tornar o estudo da logística uma prioridade em nosso país.

Luís Cláudio Magnago Andrade, M.Sc.

Especialista do SENAI/ES

Apresentação

Este livro, na forma de coletânea, se inclui em um processo mais amplo de reflexão sobre a relação da Logística com a Administração, demonstrando suas múltiplas interfaces, valorizando aspectos como pesquisa operacional, modelos de otimização aplicados à logística, inovação, competências, linguagens, tecnologias, desenvolvimento sustentável e empreendedorismo.

Os artigos reunidos neste livro são resultados de trabalhos dos integrantes do Grupo de Pesquisa Logística e Administração Contemporânea, vinculado ao *campus* Avançado Viana, do Instituto Federal do Espirito Santo. Estes trabalhos foram realizados em rede, considerando a participação de outros atores que se dedicam a pesquisa desta temática. Esta obra constitui-se em um importante ponto de inflexão nesse processo de indissociabilidade entre ensino, pesquisa e extensão, e possui por objetivo aprofundar algumas constatações iniciais desse debate em curso sobre a administração contemporânea e sua relação com a logística, respondendo a algumas demandas urgentes da academia, da educação, da sociedade e de empresas que dependem da otimização de processos na área de logística.

A escolha dos capítulos norteou-se por duas constatações. A primeira foi a de que, a logística na contemporaneidade necessita compreender as suas múltiplas interfaces, tanto dentro da empresa como na sociedade, considerando aspectos como planejamento da logística de suprimentos, controle estatístico de processos e programação de horários. A segunda consiste na importância de que a educação para a logística avalie as implicações do uso das tecnologias da informação e comunicação (TIC) na formação de profissionais competentes no desenvolvimento de práticas de gestão eficazes e sustentáveis.

No capítulo 1, intitulado Controle Estatístico de Processos (CEP) na análise de atrasos de entrega, os autores, Paulo Henrique dos Santos e Solange da Silva, contextualizam os desafios de um Centro de Distribuição na gestão de entregas e apresentam a ferramenta CEP como proposta para determinar e analisar a eficiência do processo.

No capítulo 2, intitulado Planejamento da logística de suprimento de plataformas *offshore* por meio de um modelo matemático 2L-CVRP com frota heterogênea e equilíbrio náutico, os autores, Bianca Passos Arpini e Rodrigo de Alvarenga Rosa, discutem os dilemas na criação de rotas que consideram o equilíbrio náutico e a melhor arrumação das cargas no convés.

No capítulo 3, intitulado Inserção de parâmetros controladores da aleatoriedade no método GRASP aplicado a um problema de programação de horários em escolas, os autores, Renato Santos Pereira e Adonai José Lacruz, avaliam se a inserção de parâmetros controladores da aleatoriedade na primeira fase do método GRASP contribui na programação de horários do tipo professor-turma.

No capítulo 4, intitulado Utilização das Tecnologias da Informação e Comunicação na rotina acadêmica dos professores do curso de pedagogia da Ufes, as autoras, Adriana da Costa Barbosa, Carolayne Gonçalves da Silva, Jéssica Rodrigues Siqueira e Samara de Oliveira, problematizam a relação do docente com a TIC considerando acesso, apropriação e aplicação no âmbito educacional.

No capítulo 5, intitulado Nível de adesão das empresas atuantes no mercado capixaba ao modelo de relatório de sustentabilidade GRI, os autores, Gladyson Brommonschenkel Demonier, Juliana Lobato Demonier, Mirian Albert Pires, investigam as dificuldades das empresas em aderir aos requisitos estabelecidos no GRI, buscou-se analisar os índices dos relatórios e indicar quais medidas são necessárias para aumentar a transparência das organizações no que se refere a sustentabilidade de seus negócios.

No capítulo 6, intitulado Implicações do BSC nas práticas cotidianas que envolvem a gestão de pessoas: estudo de caso em uma instituição de educação profissional, os autores, Robson Malacarne, Moisés Balassiano e Valcemiro Nossa, discutem a repercussão da ênfase das questões objetivas na relação da empresa com seus colaboradores, a partir da análise do processo no qual o *Balanced Scorecard* gera implicações nas práticas cotidianas que envolvem a gestão de pessoas.

Em suma, os autores deste livro buscaram demonstrar as múltiplas interfaces da logística com o ensino, a pesquisa e a extensão. O percurso de leitura, resultado das discussões desenvolvidas no Grupo de Pesquisa Logística e Administração Contemporânea, oferecem perspectivas para o gestor de logística, levando em consideração as implicações das decisões deste profissional para as empresas e para a sociedade. Espera-se que cientistas sociais, educadores, administradores, tecnólogos e profissionais de logística possam utilizar este livro como provocador de questões e base para criar soluções em seu cotidiano de negócios.

Robson Malacarne
Adonai José Lacruz
Outubro de 2018

Capítulo 1

Controle Estatístico de Processos (CEP) na análise de atrasos de entregas[1]

Paulo Henrique dos Santos e Solange da Silva

Introdução

O processo de funcionamento interno do CD tem etapas básicas, incluindo pedidos, recebimento de mercadorias, processamento, armazenagem, triagem, carregamento e distribuição. Vários problemas podem ocorrer durante a execução destes processos (ZHU *et al.*, 2015) e interferir no tempo de entrega do(s) produto(s), causando atrasos. O atraso é um importante fator, singular, que afeta negativamente o relacionamento do fornecedor com seu cliente.

Para Wu e Wang (2011), o tempo de atraso se refere ao processo de falha como um processo em duas fases: a primeira fase (ou chamado estado normal de funcionamento) compreendida entre o surgimento de um novo ponto de defeito detectável. A segunda fase (ou chamado estado de tempo de atraso de falha), e a partir deste ponto em diante se não houver intervenções caminha-se em direção ao fracasso. Portanto, se a falha for detectada na primeira fase, pode-se prevenir a entrada na segunda fase.

Neste caso, os gestores podem investir no Controle Estatístico do Processo (CEP).

Este, segundo Ritzman (2004) visa identificar mudanças no comportamento de um processo controlado, ou melhor, permite via ferramentas estatísticas acompanhar continuamente o fluxo de atividades,

---

[1] Elaborado a partir de artigo publicado nos Anais do XXXVI *International Sodebras Congress* 2016.

em que podem ser realizados ajustes, para que o resultado do esforço esteja em conformidade com um padrão definido.

Este, segundo Ritzman (2004) visa identificar mudanças no comportamento de um processo controlado, ou melhor, permite via ferramentas estatísticas acompanhar continuamente o fluxo de atividades, em que podem ser realizados ajustes, para que o resultado do esforço esteja em conformidade com um padrão definido.

Explica Maciel *et al.*, (2014) que estudos da variabilidade dos processos através do CEP se mostram fundamentais para maior competitividade das empresas. Em particular, as cartas de controle (também nomeadas de gráficos de controle) sinalizam as causas especiais, monitorando comportamentos anômalos em causas comuns de variação.

Afirmam Michel e Fogliatto (2002) que, genericamente, as cartas de controle contêm uma linha central, representando a média da variável de interesse e duas outras linhas, representando os limites de controle do processo. Complementando, Fitzsimmons e Fitzsimmons (2014, p. 182) dizem que as cartas de controle "rastreiam mudanças nas variáveis importantes de um processo ao longo do tempo para detectar tendências, variações ou ciclos de desempenho".

O objetivo do presente estudo é analisar o tempo de atraso nas entregas de um CD para identificação dos motivos de atrasos e o dimensionamento quantitativo dos atrasos de entrega utilizando a carta de controle por atributo (carta c). Foi proposta uma maneira de aplicação da carta para o monitoramento do processo de entregas do CD. O significado e a forma de determinação dos parâmetros do modelo são detalhados no decorrer do texto.

Neste estudo não há normalidade dos dados, portanto se utilizou da carta de controle por atributo (carta c). A carta de controle foi utilizada neste capítulo, pois é uma importante ferramenta que detecta o ponto de mudança do estado do processo. Justificando pela intenção de verificar o estado estatístico dos dados relacionados ao tempo de atraso nas entregas.

Este capítulo está estruturado em quatro seções, além desta introdução. Na seção 2, abordam-se sobre Cartas de Controle (CCs), seus princípios básicos de operação e uma breve introdução sobre CDs. Na seção 3, está descrita a metodologia aplicada para alcançar o objetivo proposto. Nesta parte do texto, também foi abordado a fase preparatória e de elaboração dos gráficos. Na seção 4, têm-se a apresentação, análise e discussão dos resultados, incluindo o experimento, discussões sobre os resultados, melhorias aplicadas ao processo e por fim, na seção 5 se encerra o capítulo com a conclusão.

Revisão Bibliográfica

Nesta seção será apresentado de forma breve, o conteúdo teórico trazido no capítulo. Não se aplicará nesta seção detalhamento técnico e tratativas matemáticas analíticas sobre os assuntos, apenas tratativas conceituais sobre os assuntos. A aplicação dos dados no software e a plotagem dos gráficos serão apresentadas na seção 4.

* Cartas de controle

Cartas de controle é um tipo de gráfico utilizado na detecção de alterações inusitadas de uma ou mais características de um processo ou produto. Dito de outra forma é uma ferramenta estatística que alerta para a presença de causas especiais, objetivando então verificar, por meio do gráfico, se o processo está sob controle. Para isto, o gráfico possui três linhas delimitando o limite superior de controle e o limite inferior de controle, além de uma linha média (CARVALHO; PALADINI, 2005), ilustrado na Figura 1.

Figura 1 – Modelo geral das Cartas de controle.

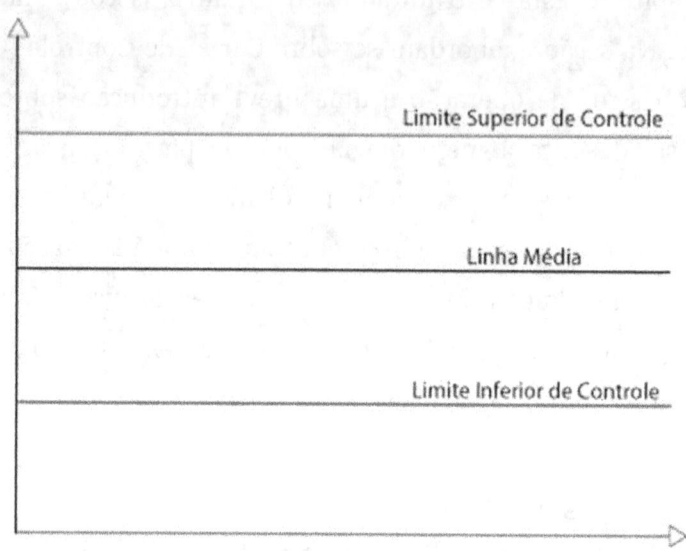

Fonte: Adaptada de Fitzsimmons e Fitzsimmons (2014).

As cartas de controle são preparadas para vários fins. Em primeiro lugar, a carta de controle o é uma ferramenta para manter o processo em um estado estatisticamente dominado. Isto significa que o processo opera no quadro dos parâmetros indicados e atende aos requisitos qualitativos. Em segundo lugar, a carta de controle nos permite monitorizar a capacidade do processo de realização das funções. Para cumprir essas duas exigências requer a detecção em tempo de alterações no comportamento do processo controlado (DOHNAL, 2012).

Ao lidar com uma característica de qualidade que é uma variável, é geralmente necessário monitorizar tanto o valor médio da característica de qualidade quanto e a sua variabilidade (MONTGOMERY, 2009).

A utilização prática dos modelos de cartas de controle depende da análise que se pretende fazer. Comumente, existem dois tipos de análise: quantitativa e qualitativa. Respectivamente, para situações de característicos da qualidade diretamente mensuráveis, têm-se a carta de controle por variável e para situações de característicos da qualidade apenas rotulados têm-se a carta de controle por atributos (PALADINI, 2012).

* Centro de distribuição (CD)

Como o *Business to Consumer (B2C)* e o *Business to Business (B2B)* estão se desenvolvendo rapidamente nos últimos anos. A indústria de entrega expressa inaugurou oportunidades sem precedentes para o desenvolvimento. Isto também resultou em uma competição feroz dentro da indústria de entrega expressa. A importância do CD tem despertado a atenção de estudiosos nacionais e estrangeiros (JI *et al.*, 2013).

Impulsionado por grandes expectativas e novas pressões do mercado, muitas empresas conseguem otimizar suas redes de distribuição por consolidar e centralizar suas operações (ZHANG *et al.*, 2014). Os CDs podem ser sistemas complexos de logística que ligam os produtores com outros participantes na cadeia, incluindo os utilizadores finais (ANDREJIC´ *et al.*, 2013). Possuem um papel de armazenagem temporária e distribuição de bens para clientes. Define-se como um local semelhante a um centro organizacional de transporte, no qual os bens de várias origens são agrupados ou divididos e está localizado no ponto modal em um sistema de logística (CHUNG *et al.*, 2013).

Os benefícios da adoção de um CD são significativos. Em primeiro lugar, os custos de investimento são reduzidos. Em segundo lugar, a qualidade do serviço é aumentada. O controle de qualidade pode ser reforçado e visibilidade das existências dentro do sistema pode ser assegurada em um CD moderno. Além disso, mais valor agregado a serviços pode ser prestado a um custo menor (ZHANG *et al.*, 2014).

Procedimentos Metodológicos

Para atender a proposta do estudo, em questão, foi realizada uma pesquisa empírica descritiva, de caráter quantitativo. Este tipo de pesquisa, segundo Fleury (2012), está interessado em criar um modelo que descreva, de forma adequada, as relações causais que podem existir na realidade, levando a uma compreensão dos processos reais. O caráter quantitativo mostra que a preocupação principal do pesquisador é assegurar que exista adesão entre observações e ações na realidade e o modelo elaborado daquela realidade.

O tratamento dos dados e a experimentação do modelo foram realizados com assistência do programa *Microsoft Office Excel 2007* e do *software Action*®, que atua de forma integrada ao Excel. As operações envolvendo as cartas e o Diagrama de Pareto se encontram no manual do usuário do *software Action*®.

O campo de pesquisa foi um CD, instalado na cidade de Anápolis/GO, cujo, nome, endereço, segmento, não foi autorizado divulgar, mas foi permitido realizar a coleta real dos dados, em tempo integral, de funcionamento da empresa.

A coleta dos dados foi realizada mensalmente, entre Janeiro a Junho de 2016. Os dados foram inseridos em uma planilha criada pelos os autores, contendo os campos de dia/mês/ano, número do pedido, dia da liberação do pedido, dia da entrega do pedido, se houve atraso, quantos dias foram, quais os motivos que ocasionaram o atraso.

Estes dados eram tabulados, a cada fim de mês, em uma planilha do *Microsoft Office Excel* 2007, sendo realizadas análises e soma com os meses subsequentes.

* Preparação e elaboração dos gráficos

A preparação e a elaboração dos gráficos são uma premissa para criação de uma modelo de CC, sendo necessária a execução desta etapa.

Seguindo os argumentos de Toledo *et al.* (2013), após o processo de preparação a elaboração dos gráficos, obedecerá às próximas etapas, são elas: escolha do tipo de gráfico; coleta de dados; indicação do estado do processo e seu desempenho; determinação da capacidade do processo, depois de se ter atingido o estado de controle; ações para melhoria do processo.

* Escolha do tipo de gráfico

Gráficos por atributos geralmente não são tão informativos como gráficos variáveis, porque não contém tipicamente mais informações em uma medida numérica do que na mera classificação de uma unidade como conforme ou não conforme.

No entanto, estes gráficos atribuem aplicações importantes. Eles são particularmente úteis em indústrias de serviços e nos esforços de melhoria da qualidade porque muitas das características de qualidade encontradas nesses ambientes não são facilmente mensuráveis em uma escala numérica (MONTGOMERY, 2009).

A carta de controle por atributos traz características de qualidade expressas, tais como presença ou ausência do atributo, permitindo o monitoramento dos atributos que determinam o processo (JACOBS; RICHARD, 2012; GOMES *et al.*, 2013; GEESDORF *et al.*, 2015).

* Coleta de dados

Os dados coletados, referem-se às entregas durante o período de Janeiro de 2016 a Junho de 2016. Foram registradas todas as entregas deste período, sendo identificadas as entregas dentro do prazo e as atrasadas.

A política de entrega da empresa estudada considera D+2 para entregas realizadas em revendas e D+5 para entregas realizadas em clientes diretos, produtores rurais e micro produtores.

Os pesquisadores assumiram o compromisso de discrição que vinculam os dados estudados a particularidades da empresa, sendo autorizados apenas os dados relevantes ao processo estudado. Como já foi citado, a coleta de dados estendeu-se pelos meses de Janeiro a Junho de 2016. Os totais de amostras coletadas somaram 803 entregas.

* Indicação do estado do processo e seu desempenho

Nesta etapa, segundo Pardede (2013), são registrados os dados e os limites de controle indicando se o processo está sob controle ou fora de controle.

Resolveu-se realizar uma análise dos atrasos, separando a revenda dos clientes diretos, produtores rurais e micro produtores, devido seu prazo de entrega da revenda ser D+2 e o prazo dos demais serem D+5.

Discussão dos Resultados Obtidos

Nesta seção foram analisados e discutidos os resultados referentes aos itens: atrasos das revendas, em separado, os atrasos dos clientes diretos, produtores rurais e micro produtores, determinação da capacidade do processo e ações para melhoria do processo.

* Atrasos das revendas

Os dados coletados relativos às revendas estão apresentados na Tabela 1, cujas identificações estão por pedidos e a quantidade de dias que os mesmos ficaram no sistema até serem carregados para entrega. Cada pedido é uma amostra para ser observada. Depois de registrados os dados dos pedidos que continham atrasos, procedeu-se a construção da carta de controle.

Tabela 1 – Amostras de pedidos de revenda com as quantidades de dias de atrasos.

Pedido	Dias de atraso	Pedido	Dias de atraso	Pedido	Dias de atraso
1	5	83	3	137	1
2	5	84	2	145	1
4	1	85	1	154	1
5	1	91	2	155	1
7	3	92	1	161	2
8	3	95	8	167	1
9	3	96	1	178	1
16	3	100	1	180	3
42	1	103	12	181	2
47	1	104	10	229	1
48	1	105	1	232	2
49	1	109	1	241	4
54	4	112	2	242	2
55	1	113	1	244	2
56	1	114	1	245	2
57	1	116	3	248	1
58	1	118	3	253	1
59	1	119	1	261	2
68	1	123	6	263	3
78	6	125	1	268	1
79	5	127	2	293	1
80	4	128	1	300	1
81	4	130	2	-	-
82	3	133	3	-	-

Fonte: Dados da pesquisa.

Como já escolhido o tipo de carta de controle, por atributos, inicia-se a construção da cara c, que segundo Possato (2014), monitora o número de não conformidades encontradas em um item. Neste caso o número de não conformes está representado pela quantidade de dias. Adverte esse mesmo autor, que só é possível à construção da carta c se for seguido às seguintes condições:

– Mesmo que minimamente há um fluxo contínuo distribuído, podendo ser definido um número médio de não conformes.

– Quando na unidade amostral pode ser encontrado não conformes de diferentes tipos e origens.

A carta de controle por atributo (carta c), resultados dos dados da Tabela 1, está expressa na Figura 2, que mostra 3 atrasos como causas especiais, pois estão ultrapassando a linha superior da carta c, isso pode indicar que o limite de controle ou ponto marcado estão errados, o desempenho do processo tem piorado ou há algum problema com o sistema de avaliação.

Também se verifica 7 pontos consecutivos em um mesmo lado da média, mas como estes 7 pontos estão abaixo da linha média, indicam que o desempenho do processo pode estão em uma fase de melhora. Mas de qualquer forma, nota-se que a carta mostra um processo instável e fora de controle.

Os dados apresentados na Figura 2 foram obtidos conforme os seguintes cálculos: Limite Superior de Controle (LSC), Linha de centro (c⁻) e Limite Inferior de Controle (LIC), conforme mostra as equações de 1 a 3:

$$LSC = \bar{c} + 3\sqrt{\bar{c}} \qquad (1)$$

$\bar{c} = \frac{(c_1 + c_2 + ... + c_k)}{k}$, sendo que $c_1, c_2 ... c_k$ são os dias de atrasos em cada pedido e k o número de pedidos. $\qquad$ (2)

$$LIC = \bar{c} - 3\sqrt{\bar{c}} \qquad (3)$$

Figura 2 – Carta de controle por atributo dos atrasos de entrega de revendas (carta c).

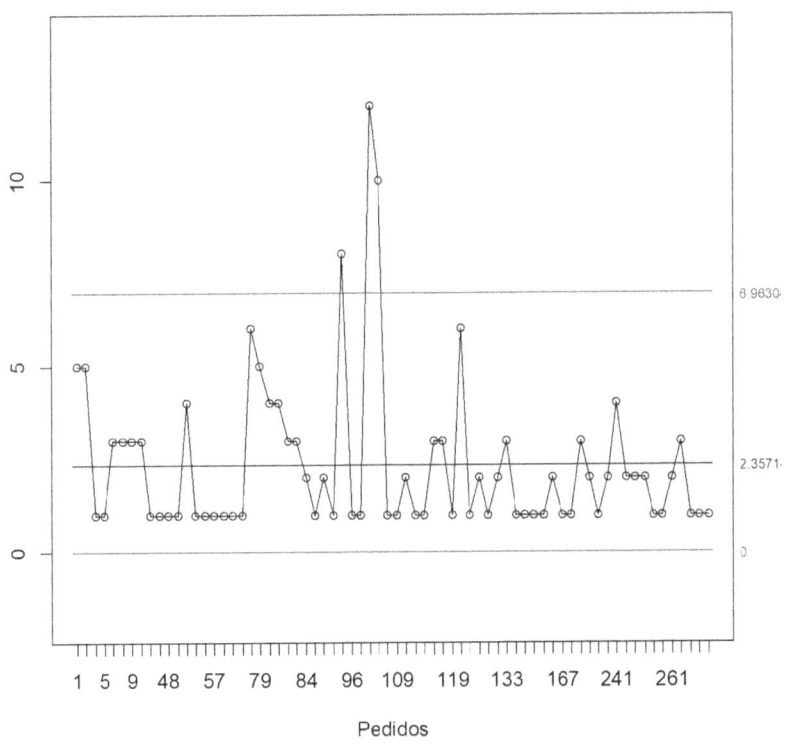

Fonte: Dados da pesquisa.

Os dados obtidos na Figura 2 indicam a necessidade de fazer ajustes para, posteriormente, avaliar a eficiência do processo. Segundo Gomes *et al.* (2013) a estabilidade do processo é condição necessária para se fazer uma avaliação.

Se os valores realizados da entrega do produto estão dentro dos limites de tolerância, é considerado que o processo de entrega do produto está sob controle; caso contrário, o processo está fora de controle (KILIBARDA e ANDREJIC, 2014).

Para Jacobs e Chase (2012) um ponto fora, acima do limite superior de controle aponta para necessidade de investigar a causa do mau desempenho.

* Atrasos dos clientes diretos, produtores rurais e micro produtores

Com o prazo de entrega de D+5, os atrasos relacionados aos clientes diretos, produtores rurais e micro produtores são expressos na Tabela 2.

Tabela 2 – Amostras de pedidos de clientes diretos, produtores rurais e micro produtores com as quantidades de dias de atrasos.

Pedido	Dias de atraso	Pedido	Dias de atraso	Pedido	Dias de atraso
5	3	127	2	195	3
19	1	136	1	371	3
23	3	149	1	402	1
89	1	159	1	450	2
102	3	175	3	479	1
103	2	179	1	492	1
105	5	180	1	-	-
108	1	186	2	-	-

Fonte: Dados da pesquisa.

Observando a Tabela 1 que da mesma forma da Tabela 2, cujas identificações estão por pedidos e a quantidade de dias que os mesmos ficaram no sistema até serem carregados para entrega nota-se que a quantidade de atrasos dos clientes diretos, produtores rurais e micro produtores se mostram inferior em relação às revendas, mesmo tendo uma quantidade maior de amostras, o percentual de atrasos das revendas é maior.

Na Figura 3, está demonstrada a carta de controle por atributo (carta c) dos dias de atrasos referente aos atrasos de clientes diretos, produtores rurais e micro produtores. O processo se mostra aparentemente estável, mas há 2 pedidos com 4 dias de atraso e 1 pedido com 5 dias de atrasos, gerando instabilidade ao processo, estes pontos serão retirados, para verificar a capacidade real do processo.

Figura 3 – Carta de controle por atributo dos atrasos de entrega de clientes diretos, produtores rurais e micro produtores (carta c).

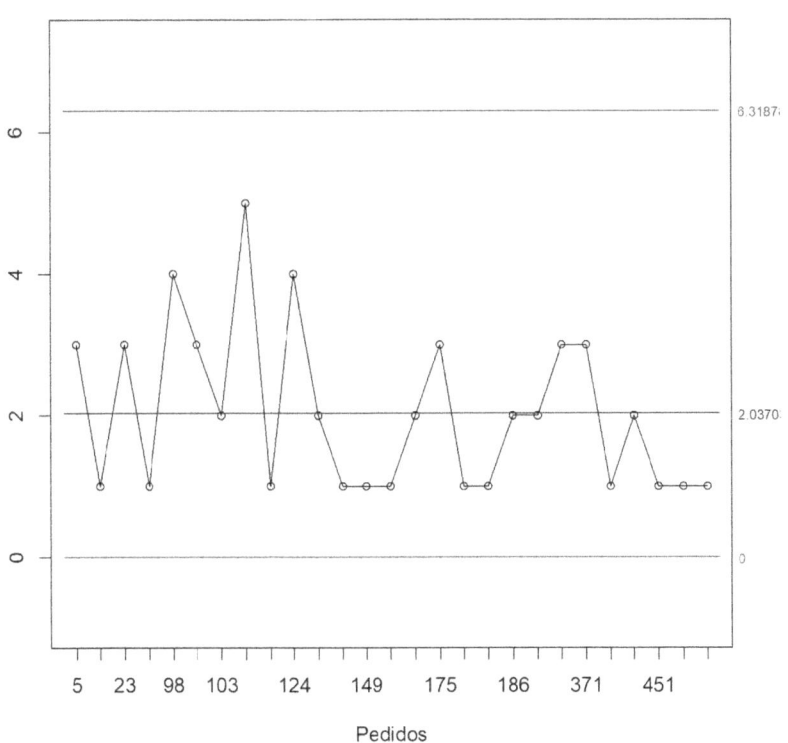

Fonte: Dados da pesquisa.

* Determinação da capacidade do processo

A análise da capacidade do processo tem a função de estabilização do processo, para posterior tomada de decisão em relação a mudanças (GEESDORF, *et al.*, 2015).

A capacidade do processo é representada pela média de proporção não conforme do processo, sendo o valor de $\bar{c}$ a reflexão do nível de desempenho gerado pelo processo.

A uniformidade e a variabilidade do processo remetem a capacidade dos processos. É uma medida da uniformidade do resultado obtido, permitindo a avaliação da sua qualidade (GOMES *et al.*, 2013).

Quando se trata de logística e entrega do produto, os processos são muito dinâmicos, estocásticos e susceptíveis aos efeitos de causas aleatórios específicos. O objetivo é descobrir as causas, eliminar ou reduzir o seu impacto, e assim trazer o processo em um estado estável, ou seja, sob a estatística ao controle. A avaliação de capacidade do processo determina a eficiência do processo nas condições em que o processo não está exposto à influência de causas especiais (KILIBARDA; ANDREJIC, 2014).

Para Michel e Fogliatto (2002), as causas comuns são causadoras de pequenas variações aleatórias, podendo ser consideradas como inofensivas ao processo. Mas que se atacadas de forma correta, as causas comuns é uma grande aliada a melhoria continua do processo (KORZENOWSKI *et al.*, 2014).

O processo, estando sob controle, proporciona estimativas acuradas dos parâmetros do processo (KORZENOWSKI *et al.*, 2014; KILIBARDA; ANDREJIC; 2014).

* Ações para melhoria do processo

A aplicação de métodos estatísticos para controle de processos mostra-se eficaz para análise do desempenho dos processos. Contribuem para definir a decisão de investir na melhoria ou não dos processos (GEESDORF *et al.*, 2015).

Os autores Korzenowski *et al.*, (2014) destacam o papel principal das cartas de controle o acompanhamento e a melhoria do processo.

Ishikawa evidencia sete ferramentas que são essenciais para o aperfeiçoamento dos processos de melhoria da qualidade e busca da excelência de qualidade (AMARAL *et al.*, 2015). Dentre elas, está o Diagrama de Pareto que auxilia na melhoria dos processos cujo princípio se estabelece que todos os problemas podem ser divididos em duas categorias: os vitais e os triviais.

Quase todos os problemas são triviais e os realmente importantes, os vitais, são poucos, mas responsáveis por grande parte dos resultados. Então, quando se identificam quais são, efetivamente, os problemas vitais, tem-se metade do caminho percorrido para a solução. A outra metade é definir qual deles deve ser atacado e resolvido primeiro (BARBOSA; BEGLIOMINI, 2001).

Assim sendo, pode-se afirmar que a maior parte das reduções de problemas vem do ataque dos poucos problemas que são responsáveis pela maior parte dos motivos de não qualidade.

Segundo Montgomery (2009) o Diagrama de Pareto identifica os custos de qualidade por categoria ou por produto ou por tipo de defeito ou não conformidade. O usuário pode rapidamente e visualmente identificar os tipos mais frequentes de defeitos. Assim, as causas destes tipos de defeitos, provavelmente, devem ser identificadas e atacados primeiro.

Os dados que contemplam os atrasos identificados na entrega estão apresentados na Tabela 3, a seguir.

Tabela 3 – Dados utilizados para construção do Diagrama de Pareto.

Descrição	Abreviação	f	F	fr	Fr
Falta de produto por atraso na transferência	FPAT	61	61	76,25	76,25
Falta de oferta de transportador	FOT	9	70	11,25	87,5
Transportador com documentação irregular	TFC	7	77	8,75	96,25
Transportador faltou ao carregamento	TDI	3	80	3,75	100

Fonte: Dados da pesquisa.

Nos seis meses de realização da pesquisa foram identificados 80 pedidos em atrasos e para cada pedido foram incluídos os devidos motivos, sendo eles:

– *Falta de produto por atraso na transferência*: a transferência de mercadorias por unidade não obedeceu ao prazo máximo de D+2, provocando assim um atraso na entrega do CD;

– *Falta de oferta de transportador*: não se conseguiu transportador para o transporte da carga, ocasionando assim os atrasos da mesma;

– *Transportador com documentação irregular:* neste motivo de atraso, a carga estava agendada para carregamento no último dia do prazo antes de ser considerada atrasada, mas quando o transportador chegou para carregar, sua documentação estava irregular;

– *O transportador faltou ao carregamento*: semelhante ao mesmo caso anterior, mas neste caso, o transportador não compareceu na data agendada.

Na Figura 4 é mostrado um Diagrama de Pareto sobre os motivos dos pedidos atrasados.

Figura 4 – Diagrama de Pareto dos atrasos de entrega.

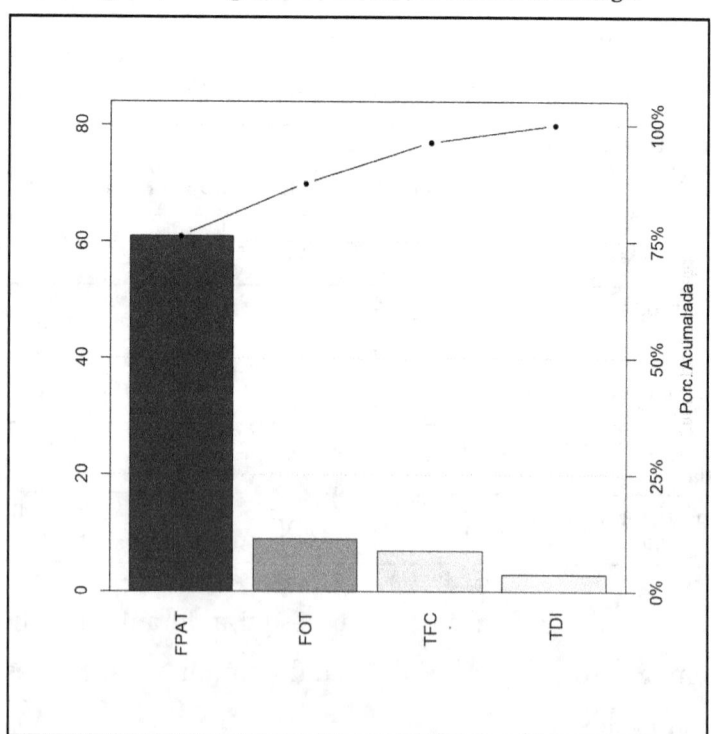

Fonte: Dados da pesquisa.

Segundo a Figura 4, observa-se que mais de 87,5% do número total de atrasos é devido a dois tipos de problemas: falta de produto por atraso na transferência e a falta de oferta de transportador. Isto aponta para mais problemas com o processo de falta de produto por atraso na transferência. Se estes problemas forem isolados e eliminados, haverá um aumento notável no rendimento do processo.

Ao analisar as não conformidades por tipo, muitas vezes pode-se ganhar recursos consideráveis para a sua causa. Isto pode ser de grande ajuda no desenvolvimento do plano de ação para os atributos fora de controle que devem acompanhar os gráficos de controle.

Conclusão

O objetivo deste capítulo foi o de analisar o tempo de atraso nas entregas de um CD para identificação dos motivos de atrasos e o dimensionamento quantitativo dos atrasos de entrega utilizando a carta de controle por atributo (carta c).

Ao analisar o tempo de atraso nas entregas, verificou-se que as causas dos atrasos em entregas do CD investigado são causas especiais e comuns, sendo necessárias aplicar ações corretivas operacionais e gerenciais nestas causas, visando obter uma melhoria contínua deste processo.

Quando se trata de logística e entrega de produto, esses são muito dinâmicos, sendo os processos estocásticos susceptíveis aos efeitos aleatórios e causas específicas. O objetivo é descobrir as causas, eliminar ou reduzir o seu impacto, e assim trazer o processo em um estado excelente, ou seja, sob o controle estatístico e gerencial.

Verificou neste estudo que a carta de controle determina a eficiência do processo em condições quando o mesmo não está exposto à influência de causas especial.

Os índices do processo são tipicamente calculados após o processo se desenvolver por um período suficientemente longo, depois de certo tempo, durante o qual todos os possíveis efeitos de variações que poderiam têm aparecido. É particularmente importante escolher um parâmetro crítico, através da qual os processos serão monitorados e medidos, sendo alcançados neste estudo.

Com a pesquisa, que se estendeu pelos primeiros seis meses de 2016, foram identificados os principais motivos de atrasos de entrega através do Diagrama de Pareto, são eles: falta de produto por atraso na transferência, falta de oferta de transportador.

O CEP mostra-se um aliado muito importante para o processo de melhoria da qualidade de entregas das empresas.

Para continuidade desta pesquisa sugere-se um estudo dos motivos de atrasos identificados, indicando o uso de outra técnica útil para uma análise mais aprofundada das não conformidades, tais como o Diagrama de Causa e Efeito.

Referências

AMARAL, L.; CEZIMBRA, G.; RODRIGUES, E. F.; MAGARIAN, L. C.; TSUJI, E. R.; DELIBERADOR, L. R.; FORMIGONI, A. O papel do arranjo físico e da gestão de informações como ferramenta para melhoria da competitividade e desempenho dos processos de uma lavanderia industrial. *Revista Metropolitana de Sustentabilidade*, v. 2, n. 2, p. 48-63, 2015.

ANDREJIĆ, M.; BOJOVIĆ, N.; KILIBARDA, M. Benchmarking distribution centres using principal component analysis and data envelopment analysis: a case study of Serbia. *Expert Systems with applications*, v. 40, n. 10, p. 3926-3933, 2013.

BARBOSA, D. M.; BEGLIOMINI, E. Círculos de Controle da Qualidade. In: BALESTERO-ALVAREZ, M. E. (coord). *Administração da Qualidade e da Produtividade*. São Paulo: Atlas, 2001, p. 231-243.

CHUNG, S. H.; CHAN, H. K.; CHAN, F. T. S. A modified genetic algorithm for maximizing handling reliability and recyclability of distribution centers. *Expert Systems with Applications*, v. 40, n. 18, p. 7588-7595, 2013.

DOHNAL, G. Delay in Statistical Control of Systems with Wear. *Quality and Reliability Engineering International*, v. 28, n. 7, p. 743-750, 2012.

FITZSIMMONS, J. A.; FITZSIMMONS, M. J. *Administração de Serviços-: Operações, Estratégia e Tecnologia da Informação*. AMGH Editora, 2014.

FLEURY, A. C. C. *Metodologia de pesquisa em engenharia de produção e gestão de operações*. 2012.

GEESDORF, G. S.; CATEN , M. A.; JUNG, C. C. F.; PACHECO, D. A. D. J. Análise das contribuições do Controle Estatístico de Processos em sistemas de manufatura de alta precisão. *Revista Eletrônica Produção em Foco*, v. 5, n. 2, 2015.

GOMES, D. N.; RIBEIRO, L. P. C.; RANGEL, R. C.; HORA, H. R. M.; COSTA, H. G. Uma avaliação integrada com o CEQ, Ishikawa e AHP em uma empresa de concretagem. *Cadernos do IME-Série Estatística*, v. 35, n. 2, p. 35, 2013.

JACOBS, F. R.; RICHARD B. C. *Administração de operações e da cadeia de suprimentos*. 13. ed. Porto Alegre: AMGH Editora Ltda, 2012.

JI, Y.; YANG, H.; ZHANG, Y.; ZHONG, W. Location optimization model of regional express distribution center. *Procedia-Social and Behavioral Sciences*, v. 96, p. 1008-1013, 2013.

KILIBARDA, M.; ANDREJIC, M. Measuring the capabilities of logistics processes of product delivery.. *8th IQC Center for Quality*, 2014.

KORZENOWSKI, A. L.; WERNER, L.; TEN CATEN, C. S. A prática da implantação de cartas de controle em empresas do setor automobilístico. *Revista Ingeniería Industrial*, v. 13, n. 2, p. 75-91, 2014.

MACIEL, T. H.; BRANCO, G. M.; WERNER, L. Cartas de controle multivariadas: estudo de caso em Vinícolas Italianas. *Cadernos do IME-Série Estatística*, v. 37, p. 01, 2014.

MICHEL, R.; FOGLIATTO, F. S. Projeto econômico de cartas adaptativas para monitoramento de processos. *Gestão & Produção*, v. 9, n. 1, p. 17-31, 2002.

MONTGOMERY, D. C. *Introduction to statistical quality control*. John Wiley & Sons, 6° Ed., Arizona, 2009.

PALADINI, E. P. *Gestão da Qualidade*: Teoria e Prática. 3. ed. São Paulo: Atlas, 2012.

PALADINI, E. P.; CARVALHO, M. M. *Gestão da qualidade*: teoria e casos. Rio de Janeiro. Editora Campus, 2005.

PARDEDE, E. K. Inventory Management and Modeling of Service Bulletin for Aerospace Parts in a Customer Service Department. *Master of Science in Reliability and Quality Engineering*. Arizona, 2013.

POSSATO, D. S. V. *Discussão da utilização do controle estatístico de processo: análise bibliométrica e estudo de caso em uma empresa do setor alimentício*. Dissertação (Mestrado) - Engenharia de Produção pela Faculdade de Engenharia de Bauru da Universidade Estadual Paulista, 2014.

RITZMAN, L. P.; KRAJEWSKI, L. J.; KLASSEN, R. D. *Foundations of operations management*. Toronto. Pearson Prentice Hall, 2004.

TOLEDO, J. C et al. *Qualidade: gestão e métodos*. Rio de Janeiro: LTC, 2013.

WU, S.; WANG, W. Optimal inspection policy for three-state systems monitored by control charts. *Applied Mathematics and Computation*, v. 217, p. 9810-9819, 2011.

ZHANG, T.; HUANG, G. Q.; LUO, H.; ZHONG, R. Storage pricing and allocation in a headquarter-managed centralized distribution center. *Procedia CIRP*, v. 25, p. 33-38, 2014.

ZHU, F.; YAO, Y.; TANG, W.; CHEN, D. A high performance framework for modeling and simulation of large-scale complex systems. *Future Generation Computer Systems*, 132-141, 2015.

Capítulo 2

Planejamento da logística de suprimento de plataformas *offshore* por meio de um modelo matemático 2L-CVRP com frota heterogênea e equilíbrio náutico[2]

Bianca Passos Arpini e Rodrigo de Alvarenga Rosa

Introdução

O petróleo é atualmente a principal fonte energética do mundo, sendo importante para vários setores econômicos, sobretudo o de transportes e o petroquímico. A exploração deste recurso no Brasil se fundamenta principalmente na exploração em mar onde são implantadas plataformas *offshore* que possuem uma demanda constante por suprimentos e são abastecidas por uma frota de navios que partem de portos denominados bases de apoio. No pré-sal os campos de produção podem estar situados a mais de 300,0km da costa brasileira (Ferro e Teixeira, 2009). Isso torna a operação de suprimento mais complexa, pois as maiores distâncias aumentarão o tempo médio de viagem dos navios entre o porto e as unidades *offshore*. Dessa forma, um planejamento eficiente da logística para suprimento de material é vital para a exploração do pré-sal.

Os principais navios utilizados para este transporte são os navios denominados *Platform Supply Vessel* (PSV) que só podem transportar as cargas no nível do convés não podendo empilhá-las por questões de segurança de navegação. As cargas não podem ser rotacionadas em função de suas dimensões e são carregadas e descarregadas por guindastes.

---

[2] Publicado originalmente na TRANSPORTES (vol. 23, n. 4, p. 67-78, 2015).

Existe um tempo limite máximo de três dias que o PSV pode ficar em viagem sem regressar ao porto.

Visando o planejamento da logística de suprimento de plataformas, este artigo propõe um modelo de Programação Linear Inteira Mista (PLIM) que é denominado *Weight Balance Two-Dimensional Loading Heterogeneous Fleet Vehicle Routing Problem* (WB2L-HFVRP), baseado no *Capacitated Vehicle Routing Problem with Two-dimensional Loading Constraints* (2L-CVRP), que elabora para cada navio uma rota e sua arrumação da carga no convés para atender a várias plataformas. Sua função objetivo visa à minimização do número de navios utilizados, da distância navegada, e da diferença entre os pesos distribuídos entre os bordos do navio com o intuito de manter o equilíbrio náutico. A principal diferença do modelo proposto em relação aos modelos existentes na literatura reside no fato de o modelo incorporar frota heterogênea e tratar do equilíbrio náutico do navio.

Ressalta-se que, apesar de existirem algumas publicações acerca do planejamento de navios que incluem, sobretudo, modelos periódicos que visam à determinação da composição da frota e horários semanais dos navios (Fagerholt e Lindstad, 2000; Halvorsen-Weare e Fagerholt, 2011; Panamarenka, 2011; Halvorsen-Weare *et al.*, 2012; Shyshou *et al.*, 2012; Norlund e Gribkovskaia, 2013); e modelos não periódicos, que incluem aspectos como a determinação de rotas, composição e dimensionamento da frota ótima e capacidade de armazenagem da instalação *offshore* (Brejon e Brinati, 1998; Aas *et al.*, 2007; Gribkovskaia *et al.*, 2008; Ribeiro e Iachan, 2009; Almeida, 2009; Lopes, 2011; Vianna *et al.*, 2012; Henty *et al.*,2012; Vaquero *et al.*, 2012 ; Friedberg e Uglane, 2013; Sopot e Gribkovskaia, 2014), nenhuma delas trabalhou de forma integrada a roteirização com a arrumação da carga no navio usando o 2L-CVRP, tampouco o equilíbrio náutico.

O artigo é organizado como segue: na Seção 2 tem-se uma revisão com trabalhos relevantes sobre o 2L-CVRP. Na Seção 3 apresenta-se o modelo matemático proposto. Na Seção 4 são apresentados os experimentos computacionais. Na Seção 5 têm-se a apresentação e a análise dos resultados e na Seção 6 têm-se as conclusões.

Problema de Roteirização de Veículos com Restrições de Carregamento em Duas Dimensões

O 2L-CVRP é uma combinação de dois problemas *NP-hard*: o CVRP e o *Two-Dimensional Bin Packing Problem* (2BPP) (Leung *et al.*, 2011). No 2L-CVRP, os clientes demandam a entrega de um conjunto de itens retangulares, que serão transportados por veículos com uma dada capacidade de peso e uma superfície de carregamento bidimensional. Tais itens possuem tamanhos e pesos determinados e não podem ser empilhados. Todos os itens de um dado cliente devem ser atribuídos a um único veículo. Todos os veículos, por sua vez, devem começar e terminar no depósito central e os itens transportados devem possuir uma arrumação viável dentro da superfície de carregamento desses veículos.

O objetivo do problema é colocar e arrumar os itens dentro dos veículos e entregá-los aos clientes, por meio de uma rede de transportes, com mínimo custo total, ou seja, redução da distância percorrida e o número de veículos utilizados (Iori *et al.*, 2007; Fuellerer *et al.*, 2009; Leung *et al.*, 2010).

O 2L-CVRP visa atribuir os clientes i a uma das rotas, tal que o custo de transporte total seja minimizado, e que para cada rota exista um carregamento viável de itens dentro da superfície de carregamento do veículo. O 2L-CVRP pode ser classificado como *sequencial* e *irrestrito*. No carregamento *sequencial* a disposição da carga no veículo deve obedecer à ordem inversa de descarga, análogo a um sistema LIFO (*Last In – First Out*) (Gendrau *et al.*, 2008; Zachariadis *et al.*, 2009; Fuellerer *et al.*,

2009; Araujo, 2010; Leung *et al.*, 2011). No *irrestrito* a disposição dos itens não inclui a restrição de sequenciamento e em geral, este caso corresponde a veículos que podem ser descarregados verticalmente com um guindaste (Khebbache-Hadji *et al.*, 2013). Quanto ao carregamento, o 2L-CVRP também pode ser *orientado* ou *não orientado*. No *orientado* os itens possuem uma orientação fixa, não podendo ser rotacionados. No *não orientado* os itens podem ser rotacionados em 90° (Fuellerer *et al.*, 2009).

Iori *et al.* (2007) introduziram o 2L-CVRP propondo um modelo de Programação Linear Inteira (PLI) e o uso de *Branch-and-Cut* (B&C) e *Branch-and-Bound* (B&B). Gendreau *et al.* (2008) propuseram o uso de *Tabu Search* (TS). Fuellerer *et al.* (2009) empregaram *Ant Colony Optimization* (ACO) para o 2L-CVRP com carregamento não orientado. Zachariadis *et al.* (2009) propuseram a *Guided Tabu Search* (GTS). Azevedo *et al.* (2009) utilizaram B&C para o 2L-CVRP. Strodl *et al.* (2010) e Wei *et al.* (2015) utilizaram *Variable Neighborhood Search* (VNS). Leung *et al.* (2010) apresentaram *Simulated Annealing* (SA). Leung *et al.* (2011) propuseram *Extended Guided Tabu Search* (EGTS). Duhamel *et al.* (2011) propuseram *Greedy Randomized Adaptive Search Procedure* (GRASP) combinada com *Evolutionary Local Search* (ELS). Shen e Murata (2012) usaram *Genetic Algorithm* (GA). Zachariadis *et al.* (2013) propuseram *Promise Routing-Memory Packing* (PRMP). Bin *et al.* (2013) apresentaram *Artificial Bee Colony Algorithm* (ABC). Dominguez *et al.* (2014a) apresentaram um modelo de PLI e utilizaram *Multistart Biased-Randomized Algorithm* (MS-BR). Abdal-Hammed *et al.* (2014) propuseram a meta-heurística *Large Neighborhood Search* (LNS).

Entre as variantes do 2L-CVRP, Malapert *et al.* (2008) apresentaram o *Two-Dimensional Pickup and Delivery Routing Problem with Loading Constraints* (2L-PDP). Muñoz (2011) apresentou uma modelagem para o 2L-CVRP denominada *Capacitated Vehicle Routing Problem with Two-*

dimensional Loading Constraints and Handling Costs (2L-CVRP-H), cuja função objetivo minimiza os custos de roteirização e os custos de manipular os itens no local de demanda. Hamdi-Dhaoui *et al.* (2012) propuseram a metaheurística *Nondominated Sorting Genetic Algorithm II* (NSGA –II) para resolver o problema *Two-dimensional Loading Capacitated Vehicle Routing Problem with Partial Conflicts* (2LPC-CVRP) com função biobjetivo onde se considerou a minimização o custo de transporte bem como o equilíbrio da carga. Leung *et al.* (2013) abordaram o *Two-Dimensional Loading Heterogeneous Fleet Vehicle Routing Problem* (2L-HFVRP) e usaram a metaheurística *Simulated Annealing with Heuristic Local Search* (SA-HLS). Khebbache-Hadji *et al.* (2013) trataram o *two-dimensional Loading Capacitated Vehicle Routing Problem with Time Windows* (2L-CVRPTW) usando a meta-heurística *Memetic Algorithm* (MA). Côté *et al.* (2013) abordaram o *Vehicle Routing with Stochastic Two-Dimensional Items* (S2L-CVRP) e utilizaram o método *L-shaped* inteiro. Martínez e Amaya (2013) apresentaram o *Vehicle Routing Problem With Multi-Trips, Time Windows And Two-Dimensional Circular Loading Constraints* (VRPM-TW-CL) e utilizaram *Tabu Search* (TS). Dominguez *et al.* (2014b) resolveram o 2L-HFVRP com rotação dos itens para as versões irrestritas do problema, utilizando o MS-BR.

Depois desta revisão, não se encontrou nenhum artigo que tratasse do 2L-CVRP com as características de frota heterogênea e equilíbrio náutico, ou seja, o equilíbrio de peso entre os dois bordos do navio, que são as características principais do WB2L-HFVRP proposto neste artigo.

Modelo Matemático Proposto

O modelo proposto trata de um problema de roteirização com frota heterogênea de navios com carregamento bidimensional e equilíbrio de peso entre os bordos do navio,que foi denominado por este artigo como sendo *Weight Balance Two-Dimensional Loading Heterogeneous Fleet Vehicle Routing Problem* (WB2L-HFVRP), que consiste em uma nova contribuição para o estudo desse problema, já que, até então, nenhum trabalho incorporou frota heterogênea e equilíbrio náutico do navio em um mesmo modelo.

O WB2L-HFVRP visa criar para cada navio uma rota e sua respectiva arrumação da carga no convés para atender a várias plataformas. As cargas não podem ser empilhadas, sendo posicionadas no piso do convés, portanto, é uma arrumação bidimensional. Cada plataforma pode ser atendida por um único navio, para o qual existe um tempo limite máximo de viagem. O problema é classificado como orientado e irrestrito do 2L-CVRP, pois as cargas não poderão ser rotacionadas e serão retiradas dos navios pela parte superior via guindastes, sendo desnecessárias restrições de sequenciamento.

Define-se o WB2L-HFVRP como um grafo não orientado completo $G = (NT, A)$, em que $NT = \{0, 1, \ldots, np+1\}$ é o conjunto de nós que correspondem ao porto $(n\acute{o}\ 0)$, às plataformas de petróleo $(n\acute{o}s\ 1, 2, \ldots, np)$, no qual np é o número de plataformas, e ao nó virtual $(np+1)$, e $A = \{a_{ij} | i, j \in N\}$ é o conjunto de arcos, que liga uma plataforma i a uma plataforma j. Seja N o conjunto de plataformas $(1, \ldots, np)$, $N0 = \{0\} \cup N$ e $N1 = N \cup \{np+1\}$; K o conjunto de navios disponíveis no porto $(1, \ldots, k)$, em que k é o número de navios da frota; P^i conjunto de cargas demandadas por uma plataforma $i \in N$. A cada navio $k \in K$ são associados os parâmetros largura L_k do convés de carga em metros (m); comprimento C_k do convés de carga em metros (m); capacidade máxima Q_k do convés de carga em toneladas (t); custo fixo CF_k em reais (R\$);

custo variável CV_k em reais por Km (R\$/Km); e tempo limite de operação TL_k em horas (h). A cada carga $e \in P^i$ estão relacionados os parâmetros largura l_{ie} da carga e solicitada pela plataforma i em metros (m); comprimento c_{ie} da carga e solicitada pela plataforma i em metros (m); e peso q_{ie} da carga e solicitada pela plataforma i em toneladas (t), todos definidos em $i \in N, e \in P_i$. A plataforma $i \in NT$ tem como parâmetros a distância em quilômetros entre ela e as outras plataformas, $d_{ij} (d_{ii} = 0)$, o tempo em horas para percorrer a distância d_{ij}, t_{ij}, e o tempo de atendimento a um navio, ta_i. Para restrições com ativação utilizou-se o parâmetro M, que denota um valor para lógica muito grande.

No WB2L-HFVRP, considera-se um diagrama comprimento-largura, equivalente ao primeiro quadrante do plano cartesiano, em que o eixo horizontal e o eixo vertical representam o comprimento e a largura do convés de um navio, respectivamente, e o canto inferior esquerdo corresponde à coordenada (0,0). As cargas devem ser analisadas em um plano bidimensional, ou seja, são consideradas áreas retangulares $(U_e = c_{ie} l_{ie})$. A Figura 1 mostra uma representação do convés do navio contendo uma carga, demonstrando suas respectivas dimensões e posicionamento em relação ao primeiro quadrante do plano cartesiano. Destaca-se o eixo da quilha do navio na Figura 1, pois é em relação a este eixo, que deverá ser calculado o equilíbrio náutico.

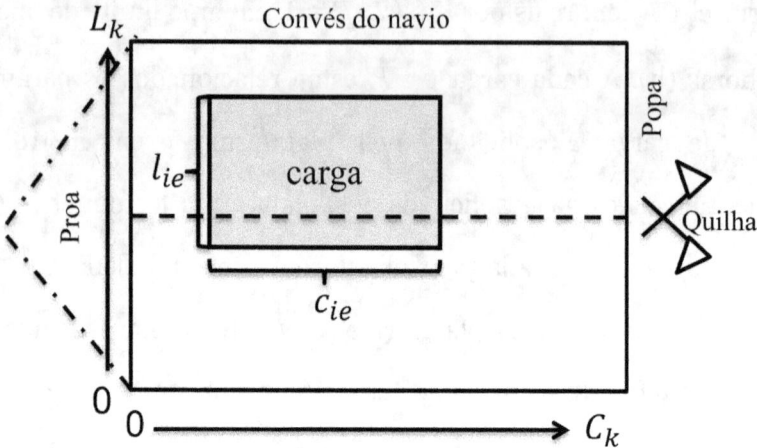

Figura 1: Representação esquemática da superfície de carregamento no navio

No WB2L-HFVRP, um carregamento viável deve satisfazer as seguintes restrições: 1) todas as cargas de uma plataforma devem ser transportadas por um mesmo navio e entregas fracionadas não são permitidas; 2) todos os itens devem ter orientação fixa, ou seja, não é possível rotacioná-los, e devem ser carregados com seus lados paralelos aos lados da superfície de carregamento; 3) cada navio começa e termina sua viagem no porto; 4) cada plataforma deve ser visitada apenas uma única vez; 5) a capacidade, comprimento e largura de cada navio não devem ser excedidos; 6) dois itens não podem ser sobrepostos em um navio.

No que se refere às variáveis de decisão, há três categorias: 1) variáveis de carregamento, 2) variáveis de roteirização e 3) variáveis relativas ao peso.

Em relação à primeira categoria, há duas classes: 1) as variáveis indicando a posição das cargas e 2) variáveis indicando a posição relativa das áreas retangulares das cargas no diagrama comprimento-largura. No que tange ao primeiro grupo, têm-se três variáveis inteiras positivas definidas em $k \in K, i \in N, e \in P^i$: α_{kie}, que designa a posição inicial de colocação da carga e da plataforma i em relação ao eixo da largura (y) do navio k; β_{kie} que indica a posição inicial de colocação da carga e da plataforma i em relação ao eixo de comprimento (x) do navio k; e γ_{kie} que determina a posição final de colocação da carga e da plataforma i em relação ao eixo da largura (y) do navio k. Para exemplificar, a Figura 2ilustra as três variáveis de posição em relação ao convés do navio citadas anteriormente.

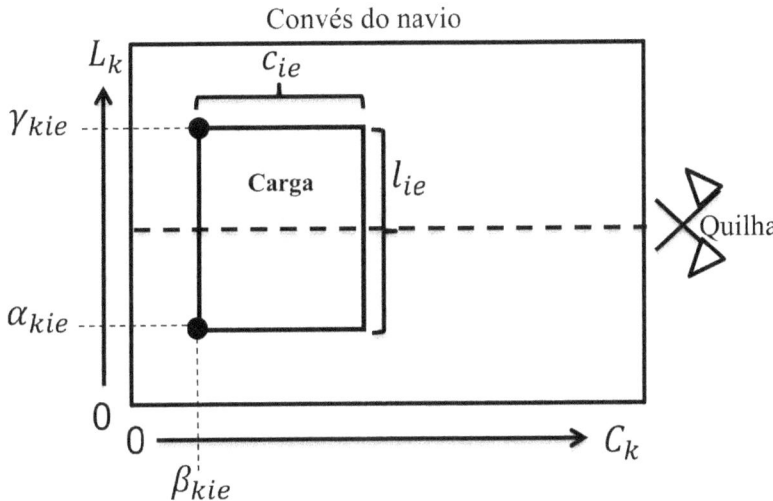

Figura 2: Representação gráfica das variáveis de posição das cargas

No que diz respeito às variáveis indicando a posição relativa das áreas retangulares das cargas no diagrama comprimento-largura, há duas variáveis binárias: σ_{kiejf}, que assume valor 1, se a área retangular da carga e está completamente abaixo da área retangular da carga f e as duas áreas retangulares não estão sobrepostas, $\forall k \in K, i, j \in N, e \in P^i, f \in P^j$, e 0 caso contrário; e δ_{kiejf}, que assume valor 1, se a área retangular da carga e está completamente à esquerda da área retangular da carga f e as duas áreas retangulares não estão sobrepostas, $\forall k \in K, i, j \in N, e \in P^i, f \in P^j$, e 0 caso contrário.

No que concerne às variáveis do VRP, têm-se duas variáveis binárias:

x_{kij}, que assume valor 1, se o navio k viaja diretamente da plataforma i para a plataforma j, $\forall k \in K, i, j \in NT$, e o caso contrário; e y_{ki}, que assume valor 1, se o navio k atende a plataforma $i, \forall k \in K, i \in N0$, e o caso contrário.

Por fim, há as variáveis relativas ao peso. Nesta categoria há duas classes: a) variável para equilíbrio de peso e b) variável para indicar peso transportado. A variável referente ao equilíbrio de peso no navio é denotada por w_k e designa o momento do navio k, $k \in K$. A variável para indicar peso transportado é denotada por qt_{ki} e indica o peso transportado pelo navio $k \in K$ quando ele chega à plataforma $i \in N$.

A formulação matemática de Programação Linear Inteira Mista para o WB2L-HFVRP é definida como:

$$Min \sum_{k \in K} \sum_{i \in NT} \sum_{j \in NT} CV_k d_{ij} x_{kij} + \sum_{k \in K} \sum_{j \in N} CF_k x_{k0j} + \sum_{k \in K} \sum_{i \in N} \sum_{e \in P^i} \beta_{kie} + \mu \sum_{k \in K} w_k \tag{1}$$

S.A.

$$y_{ki} = \sum_{j \in N1} x_{kij} \qquad\qquad \forall k \in K, \forall i \in N0, i \neq j \tag{2}$$

$$\alpha_{kjf} - \alpha_{kie} - l_{ie} - \left((\sigma_{kiejf} - 1)L_k \right) + \left((2 - y_{ki} - y_{kj})M \right) \geq 0$$
$$\forall k \in K, \forall i, j \in N, \forall e \in P^i, \forall f \in P^j, i \neq j \tag{3}$$

$$\beta_{kjf} - \beta_{kie} - c_{ie} - \left((\sigma_{kiejf} - 1)C_k \right) + \left((2 - y_{ki} - y_{kj})M \right) \geq 0$$
$$\forall k \in K, \forall i, j \in N, \forall e \in P^i, \forall f \in P^j, i \neq j \tag{4}$$

$$\left(\sigma_{kiejf} + \sigma_{kjfie} + \delta_{kiejf} + \delta_{kjfie} \right) + \left((2 - y_{ki} - y_{kj})M \right) \geq 1$$
$$\forall k \in K, \forall i, j \in N, \forall e \in P^i, \forall f \in P^j, i \neq j \tag{5}$$

$$l_{ie}y_{ki} + \alpha_{kie} = \gamma_{kie} \qquad \forall k \in K, \forall i \in N, \forall e \in P^i \tag{6}$$

$$L_k \geq l_{ie}y_{ki} \qquad\qquad \forall k \in K, \forall i \in N, \forall e \in P^i \tag{7}$$

$$\alpha_{kie} \leq (L_k - l_{ie})y_{ki} \qquad \forall k \in K, \forall i \in N, \forall e \in P^i \tag{8}$$

$$C_k \geq c_{ie}y_{ki} \qquad\qquad \forall k \in K, \forall i \in N, \forall e \in P^i \tag{9}$$

$$\beta_{kie} \leq (C_k - c_{ie})y_{ki} \qquad \forall k \in K, \forall i \in N, \forall e \in P^i \tag{10}$$

$$\gamma_{kie} \geq \alpha_{kie} \qquad\qquad \forall k \in K, \forall i \in N, \forall e \in P^i \tag{11}$$

$$\sum_{i \in N} \sum_{e \in P^i} l_{ie} c_{ie} y_{ki} \leq L_k C_k \qquad \forall k \in K, \forall i \in N, \forall e \in P^i \tag{12}$$

$$\sum_{k \in K} \sum_{j \in NT} x_{kij} = 1 \qquad\qquad \forall i \in N, i \neq j \tag{13}$$

$$\sum_{j \in N} x_{k0j} \leq 1 \qquad\qquad \forall k \in K \tag{14}$$

$$\sum_{i \in NT} x_{kih} - \sum_{j \in NT} x_{khj} = 0 \qquad \forall k \in K, \forall h \in N, i \neq h, j \neq h \qquad (15)$$

$$\sum_{i \in N0} x_{ki(np+1)} = 1 \qquad \forall k \in K \qquad (16)$$

$$x_{k(np+1)j} = 0 \qquad \forall k \in K, \forall j \in NT \qquad (17)$$

$$x_{ki0} = 0 \qquad \forall k \in K, \forall i \in NT \qquad (18)$$

$$\sum_{i \in N} \sum_{e \in P^i} q_{ie} y_{ki} \leq Q_k \qquad \forall k \in K \qquad (19)$$

$$\sum_{i \in N0} \sum_{j \in N1} (t_{ij} + ta_i) x_{kij} \leq TL_k \qquad \forall k \in K, i \neq j \qquad (20)$$

$$w_k \geq \sum_{i \in N} \sum_{e \in P^i} \left(\alpha_{kie} - \left(\frac{(L_k - l_k)}{2} \right) \right) q_{ie} y_{ki} \qquad \forall k \in K, L_k \geq l_{ie} \qquad (21)$$

$$w_k \geq \sum_{i \in N} \sum_{e \in P^i} \left(\left(\frac{(L_k - l_k)}{2} \right) - \alpha_{kie} \right) q_{ie} y_{ki} \qquad \forall k \in K, L_k \geq l_{ie} \qquad (22)$$

$$w_k \geq 0 \qquad \forall k \in K \qquad (23)$$

$$qt_{kj} \geq qt_{ki} + \sum_{e \in P^i} q_{ie} - \left(M(1 - x_{kij}) \right) \qquad \forall k \in K, \forall i, j \in N, i \neq j \qquad (24)$$

$$qt_{ki} \geq 0 \qquad \forall k \in K, \forall i \in N \qquad (25)$$

$$qt_{ki} \leq Q_k \qquad \forall k \in K, \forall i \in N \qquad (26)$$

$$\alpha_{kie} \in Z^+ \qquad \forall k \in K, \forall i \in N, \forall e \in P^i \qquad (27)$$

$$\beta_{kie} \in Z^+ \qquad \forall k \in K, \forall i \in N, \forall e \in P^i \qquad (28)$$

$$\gamma_{kie} \in Z^+ \qquad \forall k \in K, \forall i \in N, \forall e \in P^i \qquad (29)$$

$$w_k \in R^+ \qquad \forall k \in K \qquad (30)$$

$$qt_{ki} \in R^+ \qquad \forall k \in K, \forall i \in N \qquad (31)$$

$$x_{kij} \in \{0,1\} \qquad \forall k \in K, \forall i, j \in NT \qquad (32)$$

$$y_{ki} \in \{0,1\} \qquad \forall k \in K, \forall i \in N0 \qquad (33)$$

$$\delta_{kiejf} \in \{0,1\} \qquad \forall k \in K, \forall i, j \in N, \forall e \in P^i, \forall f \in P^j \qquad (34)$$

$$\sigma_{kiejf} \in \{0,1\} \qquad \forall k \in K, \forall i, j \in N, \forall e \in P^i, \forall f \in P^j \qquad (35)$$

A função objetivo (1) representa a minimização da distância navegada e da quantidade de navios usados, o que reduz os custos variáveis e fixos, respectivamente, do comprimento do convés do navio utilizado para a disposição das cargas e da diferença entre os pesos distribuídos entre os bordos do navio com o intuito de manter o equilíbrio náutico, sendo esta a contribuição mais importante do modelo proposto.

As restrições (2) indicam se o navio k vai para plataforma i ou não. As restrições (3) garantem que a largura de uma carga não irá sobrepor a largura de outra carga. As restrições (4) asseguram que o comprimento de uma carga não irá sobrepor o comprimento de outra carga. As restrições (5) garantem que não haverá sobreposições das áreas retangulares das cargas e que a carga demandada por uma mesma plataforma vai ocupar apenas um dos navios. As restrições (3), (4) e (5) têm em comum a parcela $((2 - y_{ki} - y_{kj})M)$, que é utilizada para ativar as restrições.

As restrições (6) representam que a posição final de colocação da carga e em relação ao eixo da largura L_k do navio deve ser a soma da largura da carga, l_{ie}, com a posição de colocação inicial da carga e em relação ao eixo da largura L_k do navio.

As restrições (7) garantem que a carga designada para o navio k terá largura l_{ie} menor ou igual que a largura L_k do navio. As restrições (8) asseguram que a posição de colocação inicial da carga e em relação ao eixo da largura L_k do navio deverá estar contida no intervalo de posicionamento que varia de 0 até a largura L_k do navio subtraída da largura da carga, l_{ie}. Dessa forma, nenhuma carga será posicionada além dos limites de largura do convés do navio.

As restrições (9) asseguram que a carga atribuída ao navio k terá comprimento c_{ie} menor ou igual que o comprimento C_k do navio. As restrições (10) garantem que a posição de colocação inicial de comprimento ocupada por cada carga e em relação ao eixo do comprimento C_k do navio deverá estar contida no intervalo de posicionamento que varia de 0 até o comprimento do navio C_k subtraído do comprimento da carga c_{ie}. Assim, nenhuma carga será posicionada além dos limites de comprimento do convés do navio.

As restrições (11) limitam os valores de γ_{kie}, que devem ser obrigatoriamente maiores que o valor de α_{kie}, que é a posição inicial de colocação da carga no eixo da largura do navio.

As restrições (12) impõem que a área total ocupada pelos itens que estão em um dado navio deve ser menor ou igual à superfície de carregamento disponível no navio. As restrições (13) garantem que cada plataforma i seja servida por exatamente um navio. As restrições (14), (15) e (16) representam restrições de fluxo em redes, que exigem que cada navio k parta do porto $(nó\ 0)$ somente uma vez, deixe o nó h se e somente se entrar neste nó, e retorne ao porto $(nó\ np+1)$ somente uma vez.

As restrições (17) impedem que o nó $np+1$, que representa o porto ao final do fluxo, faça rota com outros nós. As restrições (18) não permitem que os navios retornem ao $nó\ 0$, que representa o porto no início do fluxo.

As restrições (19) impõem que a demanda total de cada rota do navio k não excede sua capacidade Q_k. As restrições (20) limitam o tempo máximo que o navio k pode navegar.

As restrições (21) e (22) conjugadas equivalem ao módulo de momento calculado para o navio. Para efetuar o cálculo do momento, considera-se somatória da diferença entre a metade da largura L_k do convés e metade da largura l_{ie} da carga, subtraída de α_{kie}, e multiplicada pelo peso da carga. Essa somatória, minimizada na função objetivo, é multiplicada por um parâmetro de calibração $\mu = 10$, pois ao adotar um peso maior para esta parcela, força-se que este valor seja o mais próximo de zero, de forma a garantir o equilíbrio. Já as restrições (23) garantem a não-negatividade da variável w_k.

As restrições (24) asseguram que o peso qt_{kj} transportado pelo navio k na plataforma j seja maior ou igual ao peso qt_{ki} transportado pelo navio k quando chega à plataforma i somado ao peso das cargas da plataforma i. A parcela $\left(M\left(1 - x_{kij}\right)\right)$ serve para ativar a restrição, ao verificar se o navio k viaja direto da plataforma i para a plataforma j. As restrições (25) mostram que qt_{ki} é maior ou igual a zero. As restrições (26) garantem que o peso transportado pelo navio k na plataforma i não ultrapasse a capacidade Q_k do navio. As restrições (24) a (26) têm por função a eliminação de sub-rotas.

As restrições (27), (28) e (29) indicam que α_{kie}, β_{kie} e γ_{kie} são variáveis inteiras positivas. As restrições (30) e (31) mostram que w_k e qt_{ki} são variáveis reais positivas. As restrições (32), (33), (34) e (35) indicam que x_{kij}, y_{ki}, δ_{kiejf} e σ_{kiejf} são variáveis binárias.

A formulação descrita anteriormente é não linear por causa das restrições (21) e (22), já que para calcular o momento de cada navio ocorre a multiplicação da variável inteira α_{kie} e da variável binária y_{ki}. Considerando que $0 \le \alpha_{kie} \le (L_k - l_{ie})$, sendo que $(L_k - l_{ie})$ resulta em uma constante, tais restrições podem ser linearizadas por meio da introdução da variável z_{kie} e das seguintes restrições:

$$z_{kie} \le (L_k - l_{ie})y_{ki} \qquad \forall k \in K, \forall i \in N, \forall e \in P^i, L_k \ge l_{ie} \qquad (36)$$

$$z_{kie} \le \alpha_{kie} \qquad \forall k \in K, \forall i \in N, \forall e \in P^i \qquad (37)$$

$$z_{kie} \ge \alpha_{kie} - ((L_k - l_{ie})(1 - y_{ki})) \qquad \forall k \in K, \forall i \in N, \forall e \in P^i, L_k \ge l_{ie} \qquad (38)$$

$$z_{kie} \ge 0 \qquad \forall k \in K, \forall i \in N, \forall e \in P^i \qquad (39)$$

$$z_{kie} \in R^+ \qquad \forall k \in K, \forall i \in N, \forall e \in P^i \qquad (40)$$

Neste caso, se $y_{ki} = 0$, tem-se que $z_{kie} = 0$. Se $y_{ki} = 1$, então (38) torna-se $z_{kie} \ge \alpha_{kie}$, que combinado com (37), implica $z_{kie} = \alpha_{kie}$. As restrições (40) mostram que z_{kie} é variável real positiva. Assim, as restrições (21) e (22) podem ser substituídas, respectivamente por:

$$w_k \geq \sum_{i \in N} \sum_{e \in P^i} \left(z_{kie} - \left(\frac{(L_k - l_k)}{2} y_{ki} \right) \right) q_{ie} \qquad \forall k \in K, L_k \geq l_{ie} \qquad (41)$$

$$w_k \geq \sum_{i \in N} \sum_{e \in P^i} \left(\left(\frac{(L_k - l_k)}{2} y_{ki} \right) - z_{kie} \right) q_{ie} \qquad \forall k \in K, L_k \geq l_{ie} \qquad (42)$$

Experimentos computacionais

Para efetuar os testes, criaram-se instâncias baseadas em dados reais da Petrobras, considerando a Bacia do Espírito Santo e a Bacia de Campos.

O local de origem dos navios na Bacia do Espírito Santo é o porto Companhia Portuária de Vila Velha (CPVV), que é o maior porto de apoio a plataformas *offshore* do Espírito Santo. O local de origem na Bacia de Campos é o Terminal Alfandegado de Imbetiba (TAI), que é a maior base de apoio *offshore* no Brasil, situada em Macaé-RJ. Os locais de destino de ambas as bacias são as plataformas de produção. A Figura 3 ilustra o posicionamento das plataformas nas bacias estudadas bem como a posição dos respectivos portos.

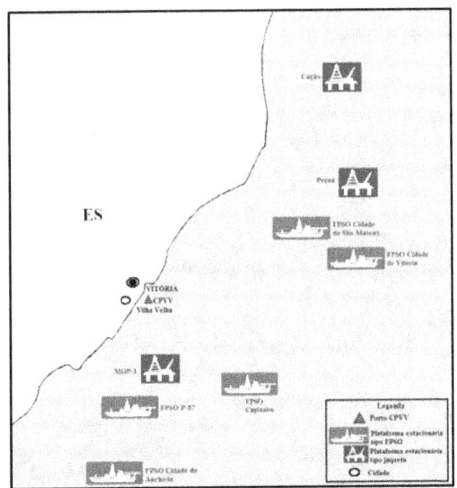
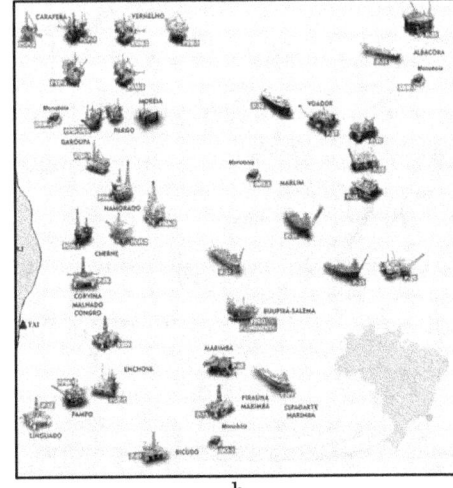

a   b

Figura 3: Localização das plataformas e dos portos: a) Bacia do ES; b) Bacia de Campos.

Fonte: a) Adaptado da Página A Gazeta (2014); b) Adaptado da Página Click Macaé (2015).

A partir das latitudes e longitudes obtidas, calculou-se a distância em linha reta das plataformas entre elas e em relação ao porto para cada Bacia. Conforme equação (43) a distância é:

$$6371\,cos^{-1}(cos(a)\,cos(b) + sin(c)\,sin(d)\,cos(e)) \tag{43}$$

Onde:

$$a = \pi\frac{(90 - lat_j)}{180}$$

$$b = (90 - lat_i)\frac{\pi}{180}$$

$$c = (90 - lat_j)\frac{\pi}{180}$$

$$d = (90 - lat_i)\frac{\pi}{180}$$

$$e = (lon_i - lon_j)\frac{\pi}{180}$$

Na equação (43), o valor 6371 é o raio da Terra em quilômetros; lat_i e lat_j são as latitudes das plataformas i e j, respectivamente, em graus; e lon_i e lon_j são as longitudes das plataformas i e j, respectivamente, em graus.

No que se refere aos navios, a Petrobras, em geral, utiliza três tipos de PSV: PSV 1500, PSV 3000 e PSV 4500, que possuem áreas de convés, custos fixos e variáveis diferentes. O navio pode realizar viagens de até três dias.

Criou-se um conjunto de instâncias em que $TL_k = 72h\,(\forall k)$ e outro que utiliza $TL_k = 48h\,(\forall k)$. O tempo médio para carregar o navio no porto é $ta_0 = 6h$ e o tempo médio para atender às plataformas é $ta_i = 2,5h$, com $i = 1,\ldots,np$. A matriz de tempo foi obtida dividindo-se a matriz de distância pela velocidade média dos PSV (18,52Km/h).

Foram criadas 17 instâncias que se diferenciam pela quantidade de plataformas, de dias ou de cargas totais. A nomenclatura usada é

"PKDA$_n$_B", em que P é a quantidade de plataformas; K é o número de navios disponibilizados; D é o prazo em dias limite da rota; A$_n$ é se a instância é real, "R$_n$", ou instância de teste "T$_n$", em que n=1, 2..., n e denota diferenças em instâncias com a mesma caraterística, por exemplo, número de cargas; e B indica a qual Bacia os dados fazem referência: Bacia do Espírito Santo , denotada por "E", ou Bacia de Campos, indicada por "C".

A principal diferença entre as instâncias do tipo "R" e "T" é que as primeiras se baseiam em manifestos de cargas reais, e usam as demandas, dimensões e rotas reais, enquanto as de teste foram criadas para testar a capacidade de resolução do modelo, adotando-se, para isso, áreas e pesos de cargas próximos aos limites de capacidade dos navios de forma a forçar o uso de uma quantidade de navios maior que dois. Apenas as instâncias do tipo "R" permitem comparação com a situação real em termos de distância navegada. Ressalta-se que os dados das instâncias reais foram obtidos em manifestos de cargas da Petrobras de maio/2014 e de dezembro/2014.

A Tabela 1 apresenta a nomenclatura de cada instância; a quantidade de plataformas correspondente; a quantidade de PSVs disponíveis; a quantidade limite de dias que um navio pode navegar; a variação (Δ) de cargas demandadas por plataforma; e as cargas totais de cada instância. A coluna variação (Δ) de cargas demandadas por plataforma representa a variação possível, mínima e máxima, do número de cargas em cada uma das plataformas da instância testada.

Tabela 1: Conjunto de instâncias criadas (continua)

Instância	Quantidade de Plataformas	Quantidade de PSV disponível	Quantidade de dias	Δ de cargas por plataforma	Cargas Totais
432R$_1$_C	4	3	2	1– 6	17
432R$_2$_C	4	3	2	1– 8	30
532R$_1$_C	5	3	2	1– 4	15
533R$_1$_C	5	3	3	1– 4	17
632R$_1$_C	6	3	2	1– 4	18

Tabela 1: Conjunto de instâncias criadas (conclusão)

Instância	Quantidade de Plataformas	Quantidade de PSV disponível	Quantidade de dias	Δ de cargas por plataforma	Cargas Totais
732R$_1$_E	7	3	2	1- 3	14
733R$_2$_E	7	3	3	1- 3	13
833R$_1$_E	8	3	3	1- 2	13
832T$_1$_E	8	3	2	1- 2	13
832T$_2$_E	8	3	2	1- 4	29
842T$_1$_E	8	4	2	1- 4	32
842R$_1$_C	8	4	2	1- 8	47
933R$_1$_C	9	3	3	1- 1	9
1242T$_1$_C	12	4	2	1- 2	24
1242T$_2$_C	12	4	2	1- 4	32
1552T$_1$_C	15	5	2	1- 2	30
1552T$_2$_C	15	5	2	1- 3	45

Foi utilizado o CPLEX 12.6 para escrever o modelo proposto bem como para a execução de cada instância. Foi estabelecido um tempo limite para execução do modelo de 4 horas usando um computador *Intel i7* com 16 GB de memória.

Apresentação e análise de resultados

Na Tabela 2 são apresentados os resultados obtidos pelos testes computacionais para cada instância, listando-se o número de navios que foram utilizados para atender as demandas das plataformas (1); a soma da distância, em Km, navegada por toda a frota usada (2); a soma dos momentos náuticos da frota usada (3); o GAP (4); e o tempo de execução em segundos (5). Também se mostram o número de navios (6) e a distância total percorrida (7) do caso real. Na coluna (8), avalia-se o ganho percentual obtido em termos de distância comparando-se o resultado do modelo com a situação real.

Ressalta-se que a função objetivo não possui uma unidade, pois ela representa a minimização da somatória dos custos variáveis, diretamente relacionados com a distância percorrida; dos custos fixos, proporcionais à quantidade de navios usados; do comprimento do convés do navio utilizado e da diferença entre os pesos distribuídos entre os bordos do navio com o intuito de manter o equilíbrio náutico.

Tabela 2: Resultados apresentados pelo CPLEX para as instâncias (continua)

	WB2L-HFVRP (CPLEX)				
	(1)	(2)	(3)	(4)	(5)
Instância	Nº de navios	Distância Total (Km)	w_k Total (t.m)	GAP	Tempo de Execução (s)
432R₁_C	1	406,98	0,0085	0,04%	14400
432R₂_C	1	438,58	0,023	0,30%	14400
532R₁_C	1	305,70	0,103	0,04%	14400
533R₁_C	1	603,34	0,0085	0,07%	14400
632R₁_C	1	413,53	0,033	0,03%	14400
732R₁_E	2	548,91	0,0745	0,00%	165,55
733R₂_E	1	491,92	0,177	0,00%	71,09
833R₁_E	1	580,98	0,121	0,00%	53,78
832T₁_E	2	743,14	0,122	0,00%	20,78
832T₂_E	3	1055,69	0,01	0,00%	41,42
842T₁_E	4	1013,89	0,055	0,00%	2,00
842R₁_C	2	845,56	0,004	43,14%	14400
933R₁_C	1	599,98	0,036	0,00%	299,02
1242T₁_C	4	1292,54	1,505	0,00%	1185,97
1242T₂_C	4	1357,56	0,055	0,01%	14400
1552T₁_C	5	1756,19	1,505	0,03%	14400
1552T₂_C	5	1756,19	0,895	23,17%	14400

Tabela 2: Resultados apresentados pelo CPLEX para as instâncias (conclusão)

Instância	Real		Ganho WB2L-HFVRP x Real (%)
	(6)	(7)	(8)
	N^o de navios	Distância Total (km)	Distância Total (%)
432R$_1$_C	1	407,43	0,11%
432R$_2$_C	1	438,58	0,00%
532R$_1$_C	1	355,60	14,03%
533R$_1$_C	1	640,65	5,82%
632R$_1$_C	1	424,78	2,65%
732R$_1$_E	2	560,15	2,00%
733R$_2$_E	1	504,07	2,40%
833R$_1$_E	1	614,83	5,50%
832T$_1$_E	–	–	–
832T$_2$_E	–	–	–
842T$_1$_E	–	–	–
842R$_1$_C	2	846,01	0,05%
933R$_1$_C	1	803,3	25,0%
1242T$_1$_C	–	–	–
1242T$_2$_C	–	–	–
1552T$_1$_C	–	–	–
1552T$_2$_C	–	–	–

Analisando a Tabela 2, nota-se que o CPLEX conseguiu resolver otimamente oito das 17 instâncias, as quais estão destacadas com realce cinza na tabela.

No que tange ao total de instâncias criadas, 10 constituem cenários reais, sendo sete referentes à Bacia de Campos e três relativos à Bacia do Espírito Santo, representados pelas instâncias 432R$_1$_C, 432R$_2$_C, 532R$_1$_C, 533R$_1$_C, 632R$_1$_C, 732R$_1$_E, 733R$_2$_E, 833R$_1$_E, 842R$_1$_C e 933R$_1$_C.

No que se refere à distância navegada das instâncias baseadas em dados reais, alcançou-se uma redução de 0,11%, 0,00%, 14,03%, 5,82%, 2,65%, 2,00%, 2,40%, 5,50%, 0,05% e 25,0% respectivamente em relação ao real. Isso representa uma economia de 357,25Km, o que impactaria diretamente nos custos variáveis. Isso leva a concluir que caso fossem analisadas todas as operações desta empresa, poder-se-ia obter ganhos muito expressivos.

Quanto ao número de navios utilizados, não houve diferenças entre o real e o gerado pelo modelo, provavelmente, por conta das dimensões e pesos das cargas, o que não permitiria acomodar todas as cargas em um único navio.

A instância $832T_1\_E$ foi criada com base na $833R_1\_E$ para avaliar a influência do tempo limite de viagem na formação das rotas para a Bacia do Espírito Santo. O tempo de 48h foi fator determinante na configuração das rotas, uma vez que seria impossível, dadas as características de velocidade do navio e tempo adotadas, realizar uma rota envolvendo todas as plataformas no tempo de 48h. A partir disso, percebeu-se, para a Bacia do Espírito Santo, a tendência de clusterização de plataformas que se encontram ao norte do CPVV e das que se localizam ao sul do CPVV. Este tipo de agrupamento era esperado, dada à proximidade geográfica entre as plataformas posicionadas ao norte e ao sul do CPVV.

A solução da instância $832T_2\_E$, que contém 29 cargas, usou os três navios disponíveis e gerou três rotas com no máximo três plataformas. A instância $842T_1\_E$, que tem 32 cargas ao todo e usou quatro navios, foi resolvida no menor tempo de execução entre as 17 instâncias, levando apenas dois segundos. Isso se deve ao fato de que havia mais cargas que estavam melhores ajustadas às características de área e peso dos navios e isso permitiu encontrar uma solução mais rapidamente. Formaram-se quatro rotas de duas plataformas.

As instâncias $1242T_1\_C$, $1242T_2\_C$, $1552T_1\_C$, $1552T_2\_C$ foram criadas com o intuito de verificar o comportamento do modelo para instâncias de maior escala em termos de quantidade de plataformas, cargas e navios. Neste caso, as dimensões e pesos das cargas foram propositalmente aumentados para forçar o uso de mais navios e assim avaliar como o modelo reagiria à inclusão de mais navios na solução. A solução das instâncias $1242T_1\_C$ e $1242T_2\_C$, que contêm 12 plataformas e se diferenciam pela quantidade de cargas demandas, utilizou os quatro navios disponíveis e gerou quatro rotas com no máximo três plataformas. Já na solução das instâncias 1552T$_1$_C e 1552T$_2$_C, que apresentam 15 plataformas e também se distinguem pela quantidade de cargas, foram formadas cinco rotas de três plataformas usando cinco navios.

No que diz respeito aos *gaps*, com exceção da 933R$_1$_C e da 1242T$_1$_C, nota-se que as instâncias da Bacia de Campos, mesmo as que continham apenas quatro plataformas, não atingiram a solução ótima. Atribui-se como principal motivo de ocorrência deste *gap* o aspecto de carregamento do problema, influenciado por três fatores: 1) a quantidade de cargas arrumadas em um mesmo navio; 2) a quantidade de cargas demandadas por plataforma; e 3) a dimensão das cargas.

Em relação ao primeiro fator, observou-se que foi possível obter solução ótima arrumando até 13 cargas em um mesmo navio, conforme instâncias 733R2_E e 833R1_E. Em contrapartida, ao se analisar as instâncias 432R1_C, 432R2_C, 532R1_C, 533R1_C, 632R1_C nota-se que apresentaram *gap*, mesmo contemplando menos plataformas que as instâncias 733R2_E e 833R1_E, pois efetuaram a arrumação de 15 a 30 cargas em um mesmo navio. A Figura 4a ilustra a solução gerada pelo modelo para a instância 833R1_E, arrumando 13 cargas no convés de um PSV4500 e a Figura 4b mostra a solução para a instância 432R$_2$_C em um PSV3000, contendo 30 cargas.

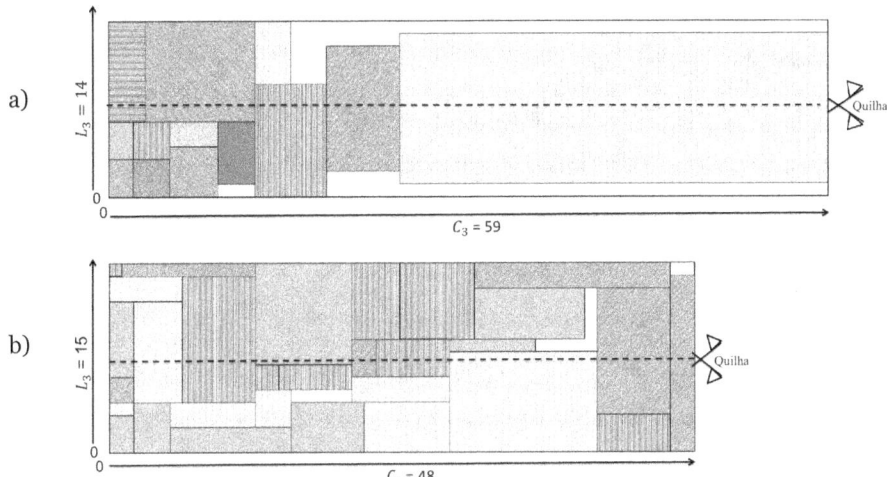

Figura 4: a) Arrumação obtida para a instância 833R1_E em um PSV4500; b) Arrumação obtida para a instância 432R2_C em um PSV3000.

No que concerne ao segundo fator, em geral, quanto maior a quantidade de cargas demandas por plataforma, mais difícil solucionar o problema e, portanto, mais complexo encontrar a solução ótima. A partir dos testes efetuados sabe-se que o modelo não suporta uma quantidade muito grande de cargas demandadas por plataformas. As instâncias $832T_1$_E e $842R_1$_C, por exemplo, são cenários diferentes, mas apresentam a mesma quantidade de plataformas e de navios utilizados. Enquanto a demanda da instância $832T_1$_E variou até no máximo duas cargas por plataforma, a demanda da instância $842R_1$_C variou até no máximo oito cargas por plataforma. Isso impactou na solução final, pois se verificou um *gap* de 0,00% para a primeira e de 43,14% para a segunda. Situação análoga pode ser percebida entre os pares $1242T_1$_C e $1242T_2$_C, e $1552T_1$_C e $1552T_2$_C.

No que tange ao terceiro fator, de modo geral, quanto menor a dimensão das cargas demandadas, o problema torna-se mais complexo, pois haverá uma maior dificuldade combinatorial. Por sua vez, o contrário também é verdadeiro, ou seja, quanto maiores as dimensões das cargas, mais fácil será encontrar a solução. Um exemplo desse caso pode ser observado na instância 842T$_1$_E, que obteve *gap* de 0,00% e tempo de execução de dois segundos.

Os três fatores, embora apresentados separadamente, não se excluem. Ou seja, a ocorrência de um não implica na não ocorrência do outro. Por fim, pode-se afirmar que o aspecto de carregamento impactou fortemente na solução do problema e no tempo de execução do modelo.

Além disso, percebeu-se que a inserção de plataformas no problema exerce uma influência menor na questão do *gap*. É possível avaliar tal situação com base nas instâncias 933R$_1$_C, 1242T$_1$_C, 1552T$_1$_C. A instância 933R$_1$_C é uma instância baseada em dados reais, em que cada plataforma demandou apenas uma carga, e obteve solução ótima. As instâncias 1242T$_1$_C e 1552T$_1$_C, por sua vez, são de teste e a demanda por plataforma foi de duas cargas nos dois casos e para as duas instâncias foram arrumadas seis cargas em cada navio. Ou seja, a questão do carregamento não é preponderante nesta análise. Assim sendo, o *gap* de 0,01% observado na instância 1552T$_1$_C provavelmente ocorreu em função do aumento do número de plataformas de 12 para 15, já que a instância 1242T$_1$_C apresentou *gap* de 0,00%.

De modo geral, observou-se que instâncias com menor quantidade de plataformas se comportam melhor com o aumento do número de cargas demandadas por plataforma. Isso pode ser exemplificado pelas instâncias 432R$_2$_C e 842R$_1$_C, que apresentavam demandas de até oito cargas por plataforma. Contudo, enquanto a primeira retornou um *gap* de 0,30%, a segunda apresentou um *gap* de 43,14%.

No que se refere ao equilíbrio náutico dos navios, analisando todo o conjunto de instâncias criadas, os momentos encontrados para cada navio foram, em sua maioria, menores que 1 t.m, havendo dois casos (dois navios nas instâncias 1242T$_1$_C, 1552T$_1$_C) em que os navios atingiram momento igual a 1,485 t.m. Isso pode ser explicado pelo fato de que nessas instâncias, o peso atribuído à cada carga foi muito superior ao que

que ocorre na realidade, pois havia necessidade de se testar o uso de mais de dois navios na construção das rotas. Em contrapartida, ao se avaliar apenas as instâncias baseadas em dados reais, observou-se, justamente pelo fato de as instâncias terem pesos mais próximos do real, o retorno de resultados mais eficazes, com o momento para todos os navios não sendo superior a 0,2 t.m. Isso demonstra que o modelo é eficaz no que se refere ao alcance do equilíbrio náutico do navio.

Por questões de sigilo da empresa em estudo, não foram disponibilizadas informações que permitissem comparações entre o modelo e a situação real quanto à disposição das cargas no convés e sobre o equilíbrio náutico.

Conclusão

Este artigo propôs um modelo PLIM para o 2L-CVRP aplicado ao planejamento da logística de suprimento de plataformas *offshore*. O modelo proposto se diferencia por considerar uma frota heterogênea de navios e utilizar uma função objetivo que visa minimizar o número de navios, a distância percorrida, e a diferença entre os pesos distribuídos entre os bordos do navio com o intuito de manter o equilíbrio náutico.

O modelo foi testado em instâncias baseadas em dados reais da Petrobras no *solver* CPLEX 12.6, conseguindo obter economias em relação à distância percorrida de até 25%. Contudo, a partir de testes efetuados também se observou a ocorrência de *gaps*, mesmo para instâncias contendo apenas quatro plataformas. A principal razão para isso foi atribuída ao aspecto de carregamento do problema, regido por três fatores: a quantidade de cargas arrumadas em um mesmo navio; a quantidade de cargas demandadas por plataforma; e a dimensão das cargas. Notou-se que o modelo não conseguiu revolver otimamente instâncias em que eram arrumadas mais de 13 cargas em um mesmo navio. Além disso, mesmo impactando menos na questão do *gap*, também há o aspecto de roteirização do problema, cuja dificuldade é expressa pelo aumento da quantidade de plataformas. Conseguiu-se resolver otimamente instâncias com até 12 plataformas. Como as características de roteirização e carregamento acabam se influenciando, de modo geral, observou-se que instâncias com menor quantidade de plataformas se comportaram melhor com o aumento do número de cargas demandadas por plataforma.

Sabe-se que a aplicação real demonstrada nesse artigo lidou com exemplos de pequena escala e que podem existir situações com mais cargas e mais plataformas, o que certamente dificultaria encontrar uma solução via abordagem exata, dada a dificuldade combinatorial inerente ao problema. Por isso, para alcançar resultados de grande escala é necessário desenvolver heurísticas e/ou meta-heurísticas.

Outra sugestão é a incorporação de outras variantes do 2L-CVRP ao problema, como a realização de operações de entrega e coleta de carga nas plataformas.

Agradecimentos

Os autores agradecem à FAPES (458/2013), ao CNPq (477357/2013-0) e à CAPES pelo apoio financeiro e à Petrobras pelo apoio aos dados do problema.

Referências bibliográficas

Aas, B.; Gribkovskaia, I.; Halskau Sr, Ø.; Shlopak, A. (2007) Routing of supply vessels to petroleum installations. *Intern. Journal of Physical Distribution & Logistics Management*, v.37, n. 2, p.164-179.

Abdal-Hammed, M.K.; Hifi, M.; Wu; L. (2014) Large neighborhood search for the vehicle routing problem with two-dimensional loading constraints. *In: International Conference on Control, Decision and Information Technologies (CoDIT)*. IEEE, p. 054-059.

A Gazeta. *Novos terminais e plataformas no Estado: Plano confirma nova unidade na área de gás no Norte até 2016.* Disponível em: http://gazetaonline.globo.com/_conteudo/2012/06/noticias/a_gazeta/economia/1287494-novos-terminais-e-plataformas-no-estado.html. Acesso em 15 de janeiro de 2014.

Almeida, M. R. de. (2009) Algoritmos Genéticos Aplicados a Programação de Embarcações de Apoio às Operações "Offshore". *Anais do XLI Simpósio Brasileiro de Pesquisa Operacional,* SOBRAPO, Bahia.

Araujo, R. R. de. (2010) *Uma abordagem de resolução integrada para os problemas de roteirização e carregamento de veículos.* 173 f. Tese Doutorado, PPGEP, UFRGS, Porto Alegre.

Bin, W.; Hong, C.; Zhi-Yong, C. (2013) Artificial bee colony algorithm for two-dimensional loading capacitated vehicle routing problem. *In: ICMSE,* IEEE, p. 406-412.

Brejon, S.; Brinati, M. A. (1998) *Algoritmo para resolução do problema de programação do transporte de suprimentos para unidades marítimas de exploração de petróleo.* Dissertação de Mestrado. Escola Politécnica, Universidade de São Paulo.

Click Macaé. *Diagrama do Fluxo de Petróleo na Bacia de Campos.* Disponível em: http://www.clickmacae.com.br/?sec=361&pag=pagina&cod=545. Acesso em 10 de janeiro de 2015.

Côté, J.-F.; Gendreau, M.; Potvin, J.-Y. (2013) The Vehicle Routing Problem with Stochastic Two-Dimensional Items, CIRRELT-2013-84.

Dominguez, O.; Juan, A. A.; Faulin, J. A. (2014a) biased-randomized algorithm for the two-dimensional vehicle routing problem with and without item rotations. *Intern. Transactions in Operational Research,* p. 1-14.

Dominguez, O.; Juan, A. A.; Barrios, B.; Faulin, J.; Agustin, A. (2014b) Using biased randomization for solving the two-dimensional loading vehicle routing problem with heterogeneous fleet. *Annals of Operations Research,* p. 1-22.

Duhamel, C.; Lacomme, P.; Quilliot, A.; Toussaint, H. (2011) A multi-start evolutionary local search for the two-dimensional loading capacitated vehicle routing problem. *Computers & Operations Research,* v. 38, n. 3, p. 617-640.

Fagerholt, K.; Lindstad, H. (2000) Optimal policies for maintaining a supply service in the Norwegian Sea. *Omega,* v. 28, n. 3, p. 269-275.

Ferro, F.; Teixeira, P. (2009) *Os desafios do Pré-Sal.* Brasília: Câmara dos Deputados. 78 p.

Fuellerer, G.; Doerner, K. F.; Hartl, R. F.; Iori, M. (2009) Ant colony optimization for the two-dimensional loading vehicle routing problem. *Computers & Operations Research,* v. 36, p. 655 – 673.

Friedberg, D. O.; Uglane, V. T. (2013) Routing and Scheduling of Platform Supply Vessels: Case from the Brazilian Petroleum Industry. 2013. Thesis (Master in Applied Economics and Optimization) – Department of Industrial Economics and Technology Management, Norwegian University of Science and Technology (NTNU), Norway.

Gendreau, M.; Iori, M.; Laporte, G.; Martello, S. (2008) A Tabu Search heuristic for the vehicle routing problem with two-dimensional loading constraints. *Networks*, v. 51, n. 1, p. 4–18.

Gribkovskaia, I.; Laporte, G.; Shlopak, A. (2008) A tabu search heuristic for a routing problem arising in servicing of offshore oil and gas platforms. *Journal of the Operational Research Society*, v. 59, n. 11, p. 1449-1459.

Halvorsen-Weare, E. E.; Fagerholt, K. (2011) Robust supply vessel planning. *Network Optimization*. Springer Berlin Heidelberg, p. 559-573.

Halvorsen-Weare, E. E.; Fagerholt, K.; Nonås, L. M.; Asbjørnslett, B. E.(2012) Optimal fleet composition and periodic routing of offshore supply vessels. *European Journal of Operational Research*,v.223, p.508-517.

Hamdi-dhaoui, K. ; Labadie, N.; Yalaoui, A. (2012) Problème de tournées de véhicules avec chargement bidimensionnel et contraintes de conflits partiels multi-objectif. *Proceedings of MOSIM'12.*

Henty, F. C.; Meza, B. M.; Vianna, D. S.; Vianna, M. De F. D. (2012) Um Modelo Matemático para a Programação e Roteirização de Embarcações de Apoio à Exploração de Petróleo Offshore. In: Encontro Nacional de Engenharia de Produção, 32, 2012, Bento Gonçalves (RS). Anais... Bento Gonçalves (RS): ABEPRO.

Iori, M.; Gonzáles, J. J. S.; Vigo, D. (2007) An exact approach for the vehicle routing problem with two-dimensional loading constraints. *Transportation Science*, v. 41 (2), p. 253-264.

Khebbache-hadji, S. ; Prins, C.; Yalaoui, A.; Reghioui, M. (2013) Heuristics and memetic algorithm for the two-dimensional loading capacitated vehicle routing problem with time windows. *Central European Journal of Operations Research*, v. 21, n. 2, p. 307-336.

Leung, S. C. H.; Zheng, J.; Zhang, D.; Zhou, X.(2010) Simulated annealing for the vehicle routing problem with two-dimensional loading constraints.*Flexible services and manufacturing journal*,v.22, p. 61-82.

Leung, S. C. H.; Zhou, X.; Zhang, D.; Zheng, J. (2011) Extended guided tabu search and a new packing algorithm for the two-dimensional loading vehicle routing problem. *Computers & Operations Research*, v. 38, p. 205 – 215.

Leung, S. C. H.; Zhang, Z..; Zhang, D.; Hua, X.; Lim, M. K. (2013) A meta-heuristic algorithm for heterogeneous fleet vehicle routing problems with two-dimensional loading constraints. *European Journal of Operational Research*, v. 225, p. 199–210.

Lopes, P. H. M. (2011) *Uma Solução para o Problema de Roteamento de Embarcações de Apoio "Offshore" através da Metaheurística RTR.* Dissertação de Mestrado, COPPE, UFRJ, Rio de Janeiro.

Martínez, L.; Amaya, C. A. (2013) A vehicle routing problem with multi-trips and time windows for circular items. *Journal of the Operational Research Society*, v. 64, n. 11, p. 1630-1643.

Muñoz, A. L. (2011) *Solución al problema de ruteo de vehículos con restricciones de capacidad y reordenamiento de carga en los sitios de demanda.* 84 f. Tesis Doutorado, PUC de Chile, Chile.

Norlund, E. K.; Gribkovskaia, I. (2013) Reducing emissions through speed optimization in supply vessel operations. *Transportation Research Part D: Transport and Environment*, v. 23, p. 105-113.

Panamarenka, K. *Minimization of emissions in periodic supply vessel planning through speed optimization.* 2011. Thesis (Master in Logistics) – Molde University College, Norway, 2011.

Ribeiro, L. S.; Iachan, R. (2009) Dimensionamento da Frota de Supridores para Plataformas de Petróleo. *Anais do XLI Simpósio Brasileiro de Pesquisa Operacional*, SOBRAPO, Bahia.

Shen, Y.; Murata, T. (2012) Pick-up Scheduling of Two-dimensional Loading in Vehicle Routing Problem by using GA. *In: Proceedings of the International MultiConference of Engineers and Computer Scientists*, IMECS, v. 2, p. 1532-1537, Hong Kong.

Shyshou, A.; Fagerholt, K.; Gribkovskaia, I.; Laporte, G. (2012) A large neighbourhood search heuristic for a periodic supply vessel planning problem arising in offshore oil and gas operations. *INFOR: Information Systems and Operational Research*, v. 50, n. 4, p. 195-204.

Sopot, E.; Gribkovskaia, I. (2014) Routing of Supply Vessels to with Deliveries and Pickups of Multiple Commodities. *Procedia Computer Science*, v. 31, p. 910-917.

Strodl, J.; Doerner, K.F.; Tricoire, F.; Hartl, R.F. (2010) On index structures in hybrid metaheuristics for routing problems with hard feasibility checks: An application to the 2-dimensional loading vehicle routing problem. In: Blesa, M.J.; Blum, C.; Raidl, G.; Roli, A.; Sampels, M. Hybrid Metaheuristics, v. 6373 of *Lecture Notes in Computer Science*, p. 160-173, Springer Berlin Heidelberg.

Vaquero, T. S.; Costa, G.; Tonidandel, F.; Igreja, H.; Silva, J. R.; Beck, C. (2012) Planning and Scheduling Ship Operations on Petroleum Ports and Platforms. In: Proceedings of the Scheduling and Planning Applications Workshop. p. 8-16.

Vianna, D. S.; Meza, E. B. M.; Hentzy, F. C.; Martins, C. B.; Medeiros, A. P. (2012) Heurísticas Baseadas em Busca Local para a Programação e Roteirização de Embarcações de Apoio à Exploração de Petróleo OffShore, Analisando Múltiplas Estruturas de Vizinhança. *Anais do XLIV SOBRAPO*, Rio de janeiro.

Zachariadis, E. E.; Kiranoudis, C. T.; Tarantilis, C. D. (2009) A Guided Tabu Search for the Vehicle Routing Problem with two-dimensional loading constraints. *European Journal of Operational Research*, v. 195, n. 3, p. 729–743.

Zachariadis, E. E.; Tarantilis, C. D.; Kiranoudis, C. T. (2013) Integrated distribution and loading planning via a compact metaheuristic algorithm. *European Journal of Operational Research*, v. 228, p. 56–71.

Wei, L., Zhang, Z., Zhang, D., Lim, A. (2015) A variable neighborhood search for the capacitated vehicle routing problem with two-dimensional loading constraints. *European Journal of Operational Research*, v. 243, n.3, p. 798-814.

Capítulo 3

Inserção de parâmetros controladores da aleatoriedade no método GRASP aplicado a um problema de programação de horários em escolas[3]

Renato Santos Pereira e Adonai José Lacruz

Introdução

O Problema da Programação de Horários (PPH), ou simplesmente Problema de Horários (PH), é conhecido na literatura como *timetabling* e citado por Michalewicz e Schoenauer (1996) como um dos problemas mais interessantes da pesquisa operacional. O PPH é definido por Wren (1995) como o arranjo de horários dentro de padrões de tempo e espaço, no qual algumas metas são atendidas ou parcialmente atendidas e onde as restrições devem ser satisfeitas ou praticamente satisfeitas, e vêm sendo aplicados a variadas abordagens, como na programação de escalas de horários na agricultura irrigada com restrições de tempo e demandas de água e energia (e.g. ARAÚJO, 2010), escalas de transporte público (e.g. BORNDÖRFER, HOPPMANN, KARBSTEIN, 2016) dentre outros.

O presente trabalho foca sua atenção em uma de suas variantes, o Problema de Programação de Horários em Escolas (PPHE), que consiste na promoção do encontro entre educadores e alunos considerando um conjunto limitado de horários e satisfazendo diversas restrições, que vem

---

[3] Publicado originalmente na GEPROS – Gestão da Produção, Operações e Sistemas (vol. 12, n. 3, p. 265-287, 2017).

sendo igualmente estudados por diversos pesquisadores (e.g. AL-YAKOOB, SHERALI, 2015; SORENSEN, DAHMS, 2014; GOGOS, ALEFRAGIS, HOUSOS, 2012).

A fácil compreensão do problema esconde sua real complexidade, quando o objetivo é obter soluções rápidas que atendam as necessidades cotidianas da escola. Por se tratar de um problema pertencente à classe *nondeterministic polynomial time - hard (NP-Hard)*, para os quais muitas vezes é inviável do ponto de vista prático o uso de algoritmos exatos ou a resolução manual (pois é um problema de otimização combinatória complexo), os métodos heurísticos têm sido considerados e constituem uma alternativa válida para o problema, pois buscam encontrar soluções satisfatórias, em tempos computacionais razoáveis.

Entre as técnicas heurísticas utilizadas destaca-se a metaheurística *Greedy Randomized Adaptive Search Procedure* (GRASP). Neste estudo propõem-se alterações na 1ª fase do método GRASP aplicado a um problema de coloração de grafos, mais especificamente na programação de horários do tipo professor-turma de uma escola pública de ensino fundamental e médio, por meio de Parâmetros Controladores da Aleatoriedade (PCA) do método. O algoritmo desenvolvido foi baseado no trabalho de Feo e Resende (1995), cuja principal modificação foi a inserção de PCA do método GRASP. A justificativa é que em geral soluções iniciais influenciam no desempenho das metaheurísticas; isto é, soluções iniciais de "boa qualidade" conduzem a soluções "melhores" em um tempo computacional menor. A ideia básica do GRASP modificado consiste em introduzir novos parâmetros à aleatoriedade do GRASP de tal forma que as soluções iniciais geradas na fase de construção sejam de "melhor qualidade". Nesse encadeamento, estabeleceu-se, a partir da fundamentação teórica , o problema central de pesquisa, que pode ser resumido por meio da seguinte questão: a inserção de parâmetros controladores da aleatoriedade no método GRASP contribuí na programação de horários do tipo professor-turma, na primeira fase do método?

Problema de Pesquisa e Fundamentação Teórica

Muitos problemas altamente combinatórios são considerados intratáveis e, portanto, foram classificados como "não polinomiais", significando que, não se conhece, ainda, um algoritmo que resolva o problema (todas as suas instâncias) em tempo polinomial. Alguns estudiosos acreditam que tais algoritmos jamais existirão para alguns destes problemas entre os quais o PPH, objeto deste trabalho. Tais esforços levaram os pesquisadores a desenvolverem várias técnicas, conhecidas na literatura por heurísticas, na tentativa de, se não resolver, ao menos tratar o problema. Com isso muitos métodos aproximativos (heurísticos) foram propostos. O principal inconveniente das heurísticas mais antigas está em sua limitação e o fornecimento de uma mesma solução sempre que iniciada de um mesmo ponto de partida.

Para resolver o impasse, outras estratégias foram elaboradas e novas técnicas, mais flexíveis, foram propostas. As novas heurísticas são mais genéricas, se adaptam facilmente a estruturas paralelas e possuem mecanismos capazes de evitar uma parada prematura em ótimos locais, proporcionando soluções melhores. Estes modelos ficaram conhecidos com metaheurísticas.

Atualmente vários procedimentos estão enquadrados como metaheurísticas na solução de diversos problemas altamente combinatórios. As mais utilizadas são: Algoritmos Genéticos, Recozimento Simulado, GRASP, *Ant Colony*, Busca Tabu e Busca em Vizinhança Variável. Todas elas buscam inicialmente um ponto inicial viável e posteriormente tentam melhorar a solução encontrada inicialmente.

Conforme Papadimitriou e Steiglitz (1982), heurísticas são quaisquer métodos aproximativos sem uma garantia formal de desempenho. Evans e Mineka (1992) classificam as heurísticas em duas categorias: heurísticas construtivas e heurísticas de refinamento. Nesse encadeamento, segundo Ribeiro (1996) as metaheurísticas são procedimentos destinados a encontrar uma boa solução, eventualmente a ótima, consistindo na aplicação, em cada passo, de uma heurística subordinada, a qual tem que ser modelada para cada problema específico. De um modo geral as metaheurísticas fazem uso de princípios básicos semelhantes no tocante à abordagem dos problemas. São os mecanismos utilizados para escapar de ótimos locais, fugindo assim dos gargalos, que distinguem as metaheurísticas umas das outras.

O PPH é um problema de coloração de grafos (EVEN, ITAI, SHAMIR, 1976) e problemas de coloração de grafos encontram-se na classe *NP-Hard* (GAREY, JOHNSON, 1979), significando que não se conhece, ainda, um algoritmo que resolva o problema (todas as suas instâncias em um tempo computacional aceitável), o que desmotiva o uso de métodos exatos e tornam atraentes abordagens heurísticas. O problema de coloração é um dos mais estudados dentro da teoria dos grafos, em decorrência de uma vasta gama de aplicações teóricas e práticas. Tais características atraem a atenção de autores que estudam aplicações da coloração em áreas como *scheduling* (e.g. KOUBÁ¢A, ELLOUMI, DHOUIB, 2016; PARAVIDINO NETO, VIANNA, 2013), da qual o PPH faz parte. Além de algoritmos específicos (e.g. BOAVENTURA, 2006), metaheurísticas como Algoritmos Genéticos, *Simulated Annealing*, Busca Tabu, técnicas *multistart* (em particular o GRASP), têm sido utilizadas com frequência para resolverem problemas de coloração e consequentemente de PPH.

A natureza combinatória do PPH impede uma investigação rigorosa do espaço de soluções para uma decisão acertada sobre a melhor solução, segundo os critérios requeridos pelas diversas instituições. Se o tamanho do problema for "pequeno", um modelo baseado em programação linear inteira pode ser utilizado; caso contrário, tal abordagem torna-se inviável face o grande número de variáveis que seriam necessárias para a modelagem. Para problemas de dimensões "maiores", é frequente o uso de técnicas heurísticas buscando inicialmente um ponto inicial viável e tentando posteriormente melhorar a solução inicial.

O levantamento bibliográfico mostra grande número de pesquisas sobre o tema PPH, de forma geral, e PPHE, em específico, a partir de trabalhos como Selim (1983), McClure e Wells (1984), Hertz e Werra (1988), Dinkel, Mote e Venkataramanan (1989) e Werra, Asratian e Durand (2002). Nos últimos anos muitas pesquisas foram feitas sobre o assunto, a exemplo de Al-Yakoob e Sherali (2015), Dorneles e Buriol (2014), Badoni e Gupa (2014), Paravidino Neto e Vianna (2013) e Araújo (2010). A maioria dos trabalhos, porém, aborda o tema numa perspectiva restrita, ou seja, considerando as implicações de somente uma categoria de problema (e.g. TOMAZELA, 2003), como classificado por Schaefer (1999): *school timetabling problem* (professor-turma), *course timetabling problem* (professor-turma-departamento) e *examination time-timebling* (turma-disciplina-disciplina); ou, então, sob a ótica de somente uma variável, considerada crítica (e,g, CISCON et al., 2005).

Uma abordagem bastante difundida na resolução de problemas de coloração de grafos na programação de horários é o GRASP, procedimento iterativo, com completa independência de iterações, onde cada iteração é composta de duas fases: construção e busca local.

Na fase de construção, uma solução inicial realizável é gerada, elemento por elemento, utilizando-se uma função gulosa ($g(c)$), que avalie o benefício da inclusão dos elementos, uma lista de candidatos e uma componente probabilística. A estratégia do método, nesta fase, é diminuir a distância percorrida entre soluções iniciais e ótimos locais. A cada iteração desta fase, os elementos são dispostos em uma Lista

Restrita de Candidatos (LRC), ordenados segundo (g(c)). A componente tem a função de trocar o determinismo da escolha ordenada por uma aleatoriedade controlada, ganhado diversificação sem perder qualidade.

Na segunda fase, utilizando noções de vizinhança, uma solução que melhore o valor da Função Objetivo (FO) é investigada. Se a fase de construção do GRASP cumpre o objetivo de reduzir a distância entre a solução inicial e seu respectivo ótimo local, então pode ser interessante o uso de um método exato, para que se avalie mais densamente a vizinhança.

Neste estudo, que aborda em específico PPHE, propõem-se alterações na 1ª fase do método GRASP aplicado a um problema de coloração de grafos, mais especificamente na programação de horários do tipo professor-turma de uma escola pública de ensino fundamental e médio, por meio de parâmetros controladores da aleatoriedade do método. A justificativa é que em geral soluções iniciais influenciam no desempenho das metaheurísticas, isto é, soluções iniciais de "boa qualidade" conduzem a soluções "melhores" em um tempo computacional menor. A ideia básica do GRASP modificado consiste em introduzir novos parâmetros ao GRASP de tal forma que as soluções iniciais geradas na fase de construção sejam de "melhor qualidade" por meio de variáveis críticas de sucesso, uma vez que só permite a randomização que não firam violações de determinados parâmetros pré-estabelecidos.

Com base nas considerações iniciais expostas, o problema central da pesquisa pode ser sintetizado por meio de uma questão: **a inserção de parâmetros controladores da aleatoriedade no método GRASP contribuí na programação de horários do tipo professor-turma, na primeira fase do método?**

Formularam-se, para tanto, as seguintes hipóteses:

$$H_0 = \mu_d = 0$$
$$H_1 = \mu_d \neq 0$$

Sendo $\mu_d = \mu_{Função\ Objetivo\ [GRASP\ modificado]} - \mu_{Função\ Objetivo\ [GRASP]}$, tem-se:

- H_0: Não houve diferença estatisticamente significativa no resultado da FO na primeira fase do método após a inserção dos PCA no método GRASP.

- H_1: A inserção de PCA no método GRASP alterou de forma estatisticamente significativa a FO na primeira fase do método.

Procedimentos Metodológicos

Esta pesquisa causal, caracterizada pela abordagem quantitativa, investiga a influência de PCA no método GRASP aplicado a um problema de coloração, especificamente na programação de horários do tipo professor-turma de uma escola pública do ensino fundamental e médio, e pode ser caracterizado como um pré-experimento (CRESWELL, 2010).

Para Campbell e Stanley (1979) experimento é um tipo de pesquisa em que é manipulada uma variável (independente) pelo pesquisador e são observados seus efeitos sobre outra variável (dependente), mantidos todos os demais fatores constantes. Esta pesquisa pode ser classificada como um pré-experimento de pré-teste e pós-teste de um único grupo, cujas medidas foram feitas após o tratamento. Na Figura 1 ilustra-se o projeto de pesquisa a partir do sistema de notação clássico de Campbell e Stanley (1979).

Figura 1 – Projeto de pesquisa pré-experimental

Grupo A   O1 ——————— X ——————— O2

Fonte: Elaboração própria

Nota. A exposição a um evento é representado pelo "X" e o registro da mensuração pelo "O". O traço contínuo representa a ordem temporal.

* Instância Considerada

O problema considerado para análise é o da programação de horário de uma escola pública de ensino fundamental e médio, com funcionamento em três turnos (matutino, vespertino e noturno), a cada turma sendo reservadas quatro unidades de tempo por dia (uma hora cada) para realização das aulas. Em janeiro de 2016 a escola comportava 18 salas de aula; 1 laboratório de informática; 3 salas-ambiente (ciência, matemática e história); 1 auditório com capacidade para 250 pessoas; 1389 alunos distribuídos em 48 turmas; e 48 professores.

A cada turma é oferecido um conjunto de disciplinas que têm um dado número de aulas semanais (de segunda a sexta-feira) distribuídas uniformemente, cuja soma preenche por completo a grade de horário, com 20 aulas semanais por turma em cada turno. Essas aulas são ministradas por 48 professores, em sua grande maioria sem dedicação exclusiva, o que aumenta a dificuldade de elaboração da agenda. Neste quadro estão incluídos os professores efetivos e os contratados.

É comum que professores efetivos, ou até mesmo os contratados, se isso lhe for oferecido, lecionem em mais de um turno para complementação de carga horária. Alguns profissionais lecionam em outras escolas, ficando assim indisponíveis em determinados horários. Tais docentes requerem um quadro adaptado às suas necessidades, ficando assim o preenchimento de sua agenda semanal dependente do compromisso com as demais instituições.

Esclarece-se que para a instância considerada foram assumidos os seguintes pressupostos em relação aos professores (P), às turmas (T) e às matérias (M): $\forall\, T_j$ sempre disponíveis; $T_k \cap T_y = \emptyset$; $\forall\, T_j, \exists\, P_i$ associado a cada M.

* Construção do Modelo

O modelo proposto é o mesmo apresentado por Silva et al. (2006) que considera as definições seguintes: G = (V,A) é um grafo (não orientado) com um conjunto de vértices V e um conjunto de arestas A. Cada vértice de V é associado a uma tripla τ descrita por (P_i, T_j, tempo de aula), indicando um tempo de aula que o professor p_i tem que dar para a turma t_j.

O número de vértices corresponde ao número de tempos de aula ministrados por todos os professores. Uma aresta é associada a um par de vértices i e j se e somente se tivermos $P_i = P_j$ ou $T_i = T_j$, garantindo assim, pelas restrições do modelo de coloração, a não violação das restrições que implique em inviabilidade.

Alguns professores que lecionam em outras escolas geram restrições de emprego de tempo para os elaboradores de horário, pois habitualmente os horários para este caso apresentam pouca possibilidade de mudança. Para o atendimento deste tipo de agenda foram inseridos, no modelo básico, outros vértices cujas ligações com os já existentes corresponderão ao impedimento de turma e/ou professor quanto ao uso de determinado horário. Em resumo, foi criado um novo vértice para cada horário do dia em que a escola considere conveniente disponibilizar para realização das aulas. O impedimento de um vértice (turma e/ou professor) em determinado horário foi representado pela ligação do vértice impedido com o vértice correspondente aquele horário. O horário impedido será, então, um horário alocado a algum docente que esteja lecionando em outra unidade, ou por outro tipo de atividade.

Para exemplificar, consideremos as turmas A, B e C, atendidas por quatro professores com as quantidades de aulas mostradas no Quadro 1:

Quadro 1 – Dados para o exemplo

Professor	Turma A	Turma B	Turma C
Josiane (J)	2	1	0
Leonardo (L)	0	1	1
Reginaldo (R)	1	1	0
Wagner (W)	1	0	1

Fonte: Elaboração própria

Segundo o modelo básico, o grafo poderia estar representado como na Figura 2:

Figura 2 – Situação de acordo com o modelo básico

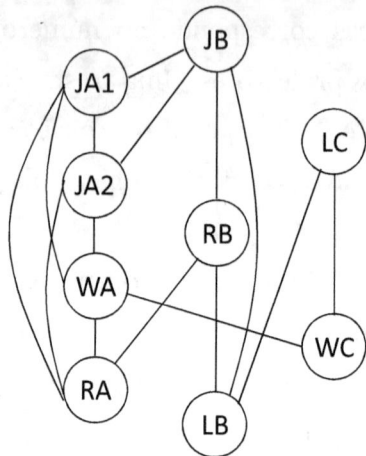

Fonte: Elaboração própria

Supondo que o elaborador tenha as seguintes restrições de horários:

- a turma B deve estar livre no primeiro horário do dia, pois neste horário ela seria atendida por um professor de educação física e a escola dispensa das aulas de educação física os alunos do turno da noite;

- a turma C deve ter os dois últimos horários livres para que os alunos possam ocupar este tempo com atividades como estágio extracurriculares.

No grafo representado na Figura 2 há um subgrafo completo (clique) de ordem 4 (correspondente a JA1, JA2, WA e RA), logo serão necessárias pelo menos quatro cores para a coloração do grafo e consequentemente teremos um limite inferior de quatro horários para atender às turmas. Para o ajuste ao modelo geral, novos vértices (pré-coloridos) são inseridos no modelo básico, de modo a permitir a representação das restrições de horário. No caso, deve-se acrescentar ao grafo um vértice (1) com arestas ligando-o a todos os vértices que representam a turma B, impedindo desta forma que a cor 1 (do primeiro horário) seja atribuída a qualquer vértice da turma B. Da mesma forma, mais dois vértices devem ser acrescentados ao grafo: os vértices 3 e 4 representando o terceiro e o quarto horários que, ligados a aos vértices representativos da turma C, promovem o impedimento para esta turma nesses horários. Uma vez registrados os impedimentos, as possíveis permutações de cores geram diferentes horários que poderão ser avaliados pela coordenação da escola mediante outros critérios considerados importantes. Uma representação do modelo geral envolvendo as duas restrições indicadas está mostrada na Figura 3, onde as cores (horários) estão indicadas por números.

Figura 3 – Coloração pelo modelo geral

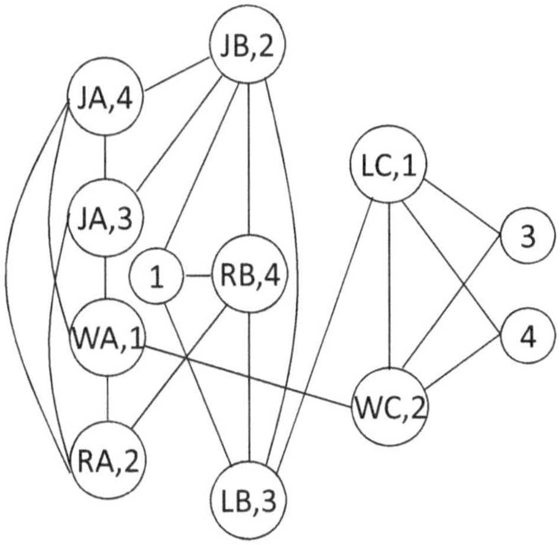

Fonte: Elaboração própria

* Algoritmo Proposto

O desenvolvimento do algoritmo proposto (GRASP modificado) foi baseado no trabalho de Feo e Resende (1995), cuja principal modificação foi a inserção de PCA do método GRASP, e pode ser resumido em três etapas principais: definição das variáveis críticas, parametrização e *workflow*.

Variáveis Críticas

A primeira etapa da construção do algoritmo proposto (GRASP modificado) consiste na definição das variáveis críticas. A definição das variáveis foi feita através de grupo focal, moderado por um dos autores deste estudo, junto aos professores, coordenadores, supervisores e a direção, em duas sessões. Na primeira sessão com os professores foram coletadas informações sobre as suas preferências e, com base nessas informações, foi possível definir numa segunda sessão, apenas com a coordenação, supervisão e direção, as variáveis críticas de sucesso e seus respectivos pesos (Quadro 2):

Quadro 2 – Variáveis críticas e seus respectivos pesos (continua)

Variável	Peso
Essenciais	
O professor ministra uma e somente uma aula em cada tempo	Infinito
Cada turma está sendo atendida por não mais do que um professor em cada tempo	
O número de aulas de cada professor é equivalente a uma carga-horária	
As cargas-horárias de todas as matérias devem ser cumpridas	
Não essenciais	
Cada turma é atendida no máximo duas vezes em cada dia (exceto educação supletiva)	40
Aulas geminadas	1
Eliminar janelas dos professores	10
Satisfazer o requerimento de aulas geminadas	-2
Minimizar a quantidade de dias que cada professor necessita ir à escola além do necessário	4

Fonte: Elaboração própria

A partir do Quadro 2 estabeleceu-se a FO que avalia uma solução *s* qualquer da seguinte maneira:

$$Minimizar\ F(s) = v_e + 40f_1(s) + f_2(s) + 10f_3(s) - 2f_4(s) + 4f_5(s)$$

Onde,

- A primeira componente (v_e), que recebe valor infinito se alguma restrição essencial é violada e zero caso contrário, mensura o grau de viabilidade da solução.

- As demais componentes mensuram a qualidade de s, por exemplo, a segunda componente ($f_1(s)$) representa o somatório do número de vezes que cada turma foi atendida mais que duas vezes por um mesmo professor no mesmo dia.

- Os coeficientes de cada uma das componentes correspondem aos pesos (importância) atribuídos a cada uma das variáveis após reunião com o trio gestor desta unidade de ensino.

- A atribuição de pesos infinitos às variáveis essenciais faz com que o algoritmo aceite um horário somente quando o mesmo for viável.

Descrição dos Parâmetros

Os principais parâmetros são os pesos das variáveis críticas, o tamanho da LRC do GRASP e o número máximo de impedimentos (NMI).

As variáveis críticas foram ponderadas por meio de grupo focal e as demais, por meio de simulação do tipo tentativa-erro. O tamanho da LRC ficou estabelecido em 6, após o processamento de amostras de tamanho 50 (cinquenta horários gerados para cada valor da LRC entre 1 e 8). O critério utilizado foi o de menor valor médio da FO. Os resultados estão descritos no Quadro 3:

Quadro 3 – Valor médio da FO para LRC

Tamanho da LRC	Valor médio da FO
1	367,00
2	378,32
3	370,76
4	371,44
5	378,36
6	**361,20**
7	365,54
8	371,78

Fonte: Elaboração própria

O NMI deve ser entendido como uma constante n que define o número de movimentos consecutivos que são rejeitados pelo sistema, caso os mesmos degradem o valor da FO na composição da solução parcial. Após n impedimentos, o movimento é aceito mesmo que aumente o valor da FO. Um movimento que gere uma janela na agenda de algum professor é um exemplo de movimento de piora, como definido nas variáveis críticas de sucesso e que, portanto, seria rejeitado pelo algoritmo por n iterações. Na Figura 4 se ilustra o processo em que o terceiro movimento estaria impedido, caso este não fosse o movimento de número $(n+1)$ degradante.

Figura 4 – Movimento evitado pelo algoritmo

	Segunda		Segunda		Segunda
1ª	Rayara 5ªB		Rayara 5ªB		Rayara 5ªB
2ª		$\longrightarrow$	Rayara 5ªC	$\longrightarrow$	Rayara 5ªc
3ª					$\bigcirc$
4ª					Rayara 7ªA

Fonte: Elaboração própria

Para definição de n, utilizou-se como critério de decisão uma simulação, onde a escala adotada variou de 0 a 25, em que a sequência é uma progressão aritmética de razão 5. Utilizou-se também o menor valor médio da FO. Apresentam-se no Quadro 4 os resultados obtidos.

Quadro 4 – Valor médio da FO para número máximo de impedimentos

Nº máximo de impedimentos	Valor médio da FO
0	440,94
5	342,76
10	**338,68**
15	344,96
20	343,62
25	349,78

Fonte: Elaboração própria

Workflow

Após uma varredura nos arquivos de entrada, o programa lista os professores por ordem dos mais críticos (maior carga horária pendente) incluindo os seis primeiros, valor definido no Quadro 3, em uma lista conhecida como LRC, principal instrumento do método GRASP. O próximo passo do método é selecionar um elemento da LRC onde cada elemento (desconsiderando-se os PCA) tem uma probabilidade de 1 / |LRC| de ser selecionado. A cada iteração da fase de construção ocorre uma atualização dos dados para refletir os benefícios associados com a escolha dos elementos nas iterações anteriores. Definem-se aqui os PCA, que passam a condicionar a rejeição ou não do elemento.

A LRC é o principal parâmetro controlador da aleatoriedade no método GRASP. Neste trabalho a LRC é formada pelos 6 professores com maior carga-horária pendente. O que se realiza, no GRASP Modificado, é a inserção de novas restrições sobre a escolha dos elementos da LRC, a cada iteração, para compor a solução parcial. Essas novas restrições, chamadas de PCA, correspondem aos itens 2, 4 e 6 do quadro 8 dos requisitos não-essenciais. São elas:

- cada turma é atendida, por um mesmo professor, no máximo duas vezes a cada dia;
- eliminar janelas na agenda dos professores;
- minimizar a quantidade de dias que cada professor necessita ir à escola.

A coloração de um vértice selecionado da LRC é impedida, caso tal ação implique no não-atendimento dos três itens listados. A quebra deste controle dos elementos sob os quais se realiza alguma ação ocorre quando o NMI, definido no Quadro 4, for atingido.

A alocação de um professor a um horário em uma determinada turma só é realizada quando forem atendidas as especificações dos itens considerados essenciais listados no Quadro 2, garantindo assim que cada solução gerada na fase de construção do GRASP modificado seja factível. Se o *loop* de alocação se "estender" sem sucesso, para algum professor, o programa reinicializa todas as variáveis através dos arquivos de entrada e recomeça seu trabalho em um ponto aleatório.

O algoritmo gera como saída uma matriz de *strings*, onde as linhas representam os horários, a cada quatro linhas o ciclo de um dia e, as colunas, as turmas.

O funcionamento do algoritmo proposto, após o usuário informar ao sistema o nome dos professores e suas respectivas cargas-horárias por turma, selecionar as variáveis críticas e apontar seus respectivos pesos, definir o tamanho da LRC e o número máximo de impedimentos, é apresentado na Figura 5.

Figura 5 – Esquema do algoritmo proposto

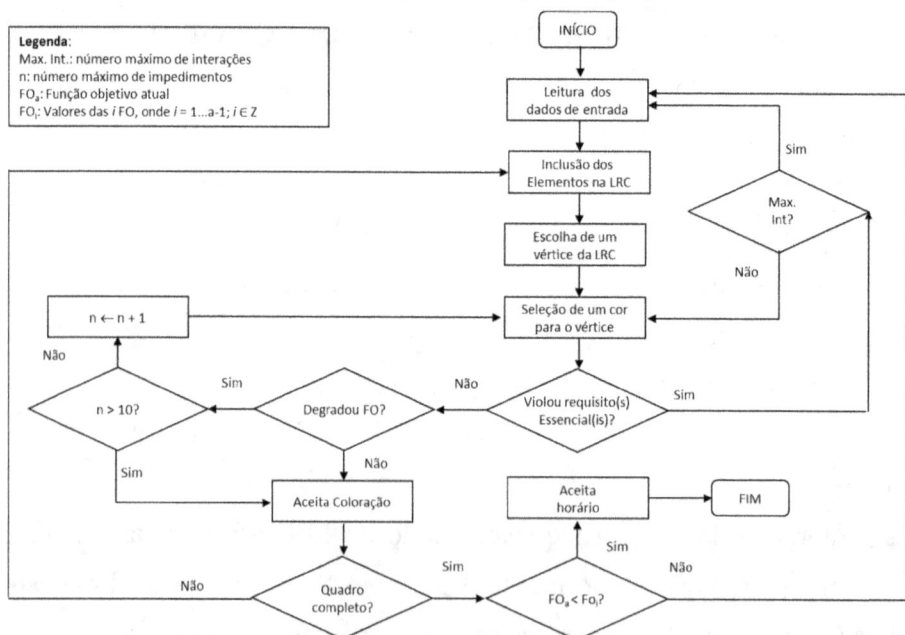

Fonte: Elaboração própria

* Técnicas de Tratamento de Dados

A análise dos dados envolve a comparação entre as soluções de horários com menores FO geradas pelos métodos GRASP e GRASP modificado (com a inserção de PCA), a fim de verificar se a inclusão de PCA contribui para minimização da FO. Esclarece-se que a FO é determinada pela soma do produto dos pesos pelas variáveis críticas (Quadro 2) e que a forma da FO corresponde à minimização, portanto, quanto maior o seu valor, pior o resultado.

Para tanto foram consideradas as menores FO de 50 soluções apresentadas para cada método/ano/turno no período de 11 anos, totalizando 66 observações, sendo 33 vinculadas ao método GRASP e 33 ao método GRASP modificado (11 anos x 3 turnos x 2 métodos). Esclarece-se que foram utilizadas as mesmas variáveis críticas (e pesos correspondentes) em todos os processamentos com o método GRASP modificado (Quadro 2), ainda que essas variáveis e seus pesos tenham sido identificadas para uma situação (ano letivo) em particular. Dados relativos a quantidade de professores, suas disponibilidades etc. de anos anteriores foram utilizados para o processamento computacional do experimento. Registra-se, por fim, que o sistema desenvolvido permite alterar as variáveis e os pesos dos PCA.

Para verificar se os dados de cada item poderiam ser oriundos de uma variável com distribuição normal foi aplicado o teste de Kolmogorov-Smirnov, a fim de determinar se seria mais apropriado aplicar teste de hipótese de diferenças entre médias paramétrico ou não paramétrico. No processamento dos dados foram utilizados os softwares SPSS 20 (testes de Kolmogorov-Smirnov e t de Sudent) e GPower 3.1 (coeficiente d de Cohen e poder de estatística).

Análise dos Resultados

Antes de iniciar os procedimentos de extração de medidas foi feito teste de Kolmogorov-Smirnov para verificar se os dados de cada item poderiam ser oriundos de uma variável com distribuição normal. A opção por esse teste se apoiou em pesquisa cujo resultado o classificou como de melhor desempenho para o tamanho da amostra deste estudo (TORMAN, COSTER, RIBOLDI, 2012). Pelo teste de Kolmogorov-Smirnov verificou-se que a hipótese nula (que supõe que a amostra foi extraída de uma população normalmente distribuída) não poderia ser refutada (*p-value* > 0,05), de tal modo que se pode assumir que haja normalidade na variável de origem dos dados (Tabela 1).

Tabela 1 – Teste de Kolmogorov-Smirnov

Variável	Estatística	df	Sig.
FO	0,056	66	0,200

Fonte: Elaboração própria

Verificou-se, então, se a inclusão dos PCA no método GRASP contribui para a melhoria dos valores da FO, utilizando o teste estatístico t de Student para dados pareados, em dois momentos distintos (antes e após a inserção dos PCA). Para tanto foram consideradas as menores FO de 50 soluções apresentadas para cada método/ano/turno. Portanto, 66 observações, sendo 33 vinculadas ao método GRASP e 33 ao método GRASP modificado (com a inclusão de PCA). Sendo $\mu_d = \mu_{\text{Função Objetivo [GRASP modificado]}} - \mu_{\text{Função Objetivo [GRASP]}}$, pode-se esta-belecer:

- H_0: $\mu_d = 0$. Ou seja, não houve diferença estatisticamente significativa no resultado da FO na primeira fase do método após a inserção dos PCA no método GRASP.

- H_1: $\mu_d \neq 0$. Ou seja, inserção de PCA no método GRASP alterou de forma estatisticamente significativa a FO na primeira fase do método.

- Nível de significância $\alpha = 0,05$. Ou seja, com nível de confiança, que corresponde à probabilidade de não rejeitar a hipótese de nula (H_0), sendo ela verdadeira, de 95%.

Tabela 2 – Teste t de Student para amostras emparelhadas

Variáveis	Diferenças emparelhadas					
	Média	Desvio-padrão	Erro padrão	IC 95%		t [a]
				Inf.	Sup.	
FO[GRASP modificado] – FO[GRASP]	-66,12	71,12	12,380	-91,34	-40,90	-5,34*

[a] Duas extremidades

* Significante a 0,0001

Fonte: Elaboração própria

Pelo teste t de Student (Tabela 2) verificou-se que a hipótese nula (de igualdade das médias) pode ser refutada (*p-value* < 0,05), pois os dados fornecem evidências suficientes que a média aritmética da diferença da FO[GRAP modificado] pela FO[GRASP] é diferente de zero. O poder de estatística foi de aproximadamente 0,99, superior ao limiar (1 – β = 0,8) a partir do qual o valor é consensualmente considerado apropriado (Hair et al., 2009). Ou seja, neste estudo a probabilidade de não rejeitar a hipótese nula quando ela é falsa, e deveria ser rejeitada, foi baixíssima. Para o cálculo do poder de estatística, o tamanho do efeito foi determinado pelo coeficiente *d* de Cohen. Pelo critério de classificação proposto por Cohen (1988), para testes de diferença entre médias, o tamanho do efeito pode ser considerado grande (*d* ≈ 0,89 > 0,79). Ressalta-se que em relação a isso há que se ter cautela na interpretação da classificação. Adotou-se neste estudo a classificação de Cohen (1998), pois são explorados resultados particularmente novos e que não puderam ser comparados com outros achados na literatura. Por outro lado, seus resultados, com a apresentação do tamanho do efeito, como recomendado pelo *Manual of the American Psychological Association* (APA, 2010), permite que outros estudos comparem a eficácia média do modelo desenvolvido nesse estudo, à luz da sua área de investigação, conferindo significado prático ao tamanho do efeito.

A análise do intervalo de confiança evidencia que os resultados da FO na primeira fase do método após a inserção dos PCA no método GRASP são, em média, menores do que quando processado sem os PCA, pois os limites do intervalo de confiança assumem valores menores do que zero. O intervalo de confiança mostra, ainda, que a probabilidade de que o parâmetro da população (ainda que desconhecido) seja localizado entre -40,903 (L_S) e -91,339 (L_I) é de 95%. Ou seja, pode-se concluir que a inclusão de PCA diminuiu de forma estatisticamente significativa a FO, na primeira fase do método GRASP, na programação de horários do tipo professor-turma da escola objeto de estudo no período analisado.

Conclusões

O presente estudo evidenciou que a inserção de PCA no método GRASP tende a contribuir para a melhoria do valor da FO na primeira fase do método (*p-value* < 0,05). Importa destacar, porém, que este estudo teve como base uma única instituição de ensino, inserida em um tipo específico de problema inerente à programação de horários (professor-turma). Sugere-se, portanto, que outros estudos sejam desenvolvidos para investigar o mesmo tipo de problema de programação de horário em instituições com características distintas e outros tipos de problema de programação de horário, possibilitando a ampliação da compreensão sobre as implicações da inserção de PCA na minimização da FO da primeira fase do método GRASP.

Destaca-se também que o acompanhamento da construção manual de um quadro de horários, por elaboradores experientes, não apenas evidencia conceitos e métodos, mas principalmente amplia os horizontes da abordagem do problema, apontado novas formas e diferentes caminhos para se alcançar o objetivo: resolver problemas de PPHE.

Como contribuição, no tratamento do problema, desenvolveu-se um algoritmo baseado no trabalho de Feo e Resende (1995), cuja principal modificação foi a inserção de PCA do método GRASP. O sistema desenvolvido também conta com uma interface amigável gerando relatórios capazes de ajudar a tomada de decisão, podendo-se realizar ajustes manuais, entre outros processos. Por fim observa-se que o bom desempenho de qualquer método está diretamente vinculado à correta calibragem dos parâmetros que a ele está associado.

Referências

AL-YAKOOB, S. M.; SHERALI, H. D. Mathematical models and algorithms for a high school timetabling problem. *Computers & Operation research*, vol. 61, p.56-68, 2015.

APA - American Psychological Association. *Manual of the American Psychological Association*. Washington, DC: APA, 2010.

ARAÚJO, A. F. Aplicação de *Metaheurísticas para a solução do problema de programação de horários de irrigação*. 2010. Dissertação (Mestrado em Ciência da Computação) – Universidade Federal de Viçosa. Viçosa: UFV, 2010.

BADONI, R. P.; GUPTA, D. K. A graph edge colouring approach for school timetabling problems. *International journal of mathematics in operational research*, vol. 6, n. 1, p.117-132, 2014.

BOAVENTURA NETTO, P. O. *Grafos*: teoria, modelos, algoritmos. São Paulo: Edgard Blucher, 2006.

BORNDÖRFER, R.; HOPPMANN, H.; KARBSTEIN, M. Passenger routing for periodic timetable optimization. *Public transport*, Ahead of print, August, p.1-21, 2016.

CAMPBELL, D. T.; STANLEY, J. C. *Delineamentos experimentais e quase experimentais de pesquisa*. São Paulo: EPU, 1979.

CISCON, L. A.; OLIVEIRA, A. C.; HIPÓLITO, T. R.; ALVARENGA, G. B.; ROULLIER, A. C. O problema de geração de horários: um foco na eliminação de janelas e aulas isoladas. In: SIMPÓSIO BRASILEIRO DE PESQUISA OPERACIONAL, 37, Gramado. *Anais...* Gramado: SOBRAPO, 2005.

COHEN, J. A power primer. In: Kazdin, A. E. (Org.). *Methodological issues and strategies in clinical research*. Washington: APA, 1988.

CRESWELL, J. W. *Projeto de pesquisa*: métodos qualitativo, quantitativo e misto. Porto Alegre: Artmed, 2010.

DINKEL, J. J.; MOTE, J.; VENKATARAMANAN, M. A. An efficient decision support system for academic course scheduling. *Operations research*, vol. 37, n. 6, p.853–864, 1989.

DORNELES, A. P.; ARAÚJO, O. C. B.; BURIOL, L. S. A fix-and-optimize heuristic for the high school timetabling problem. *Computers & Operation research*, vol. 52, n.1, p.29-38, 2014.

EVANS, J. R.; MINIEKA, E. *Optimization algorithms for networks and graphs*. New York: CRC Press, 1992.

EVEN, S.; ITAI, A.; SHAMIR, A. On the complexity of timetable and multicommodity flow problems. *SIAM Journal of computing*, vol. 5, n.4, p. 691-703, 1976.

GAREY, M.R.; JOHNSON, D.S. *Computers and intractability*: a guide to the theory of NP-completeness. San Francisco: WH Freeman, 1979.

GOGOS, C.; ALEFRAGIS, P.; HOUSOS, E. An improved multi-staged algorithmic process for the solution of the examination timetabling problem. *Annals of operations research*, v. 194, n. 1, p. 203–221, 2012.

HAIR, J. F.; BLACK, W. C.; BABIN, B. J.; ANDERSON, R. E.; TATHAM, R. L. *Análise multivariada de dados*. Porto Alegre: Bookman, 2009.

HERTZ, A.; WERRA, D. Using tabu search techniques for graph coloring. *Computing*, vol. 39, p. 345-351, 1988.

KOUBÁ¢A, M.; ELLOUMI, S.; DHOUIB, S. Optimising case study personnel scheduling problem using an artificial bee colony algorithm. *International journal of shipping and transport logistics*, v.8, n. 5, p. 552-567, 2016.

MCCLURE, R. H.; WELLS, C. E. A mathematical programming model for faculty course assignment. *Decision science*, vol.15, n.3, p.409-420, 1984.

MICHALEWICZ, Z.; SCHOENAUER, M. Evolutionary algorithms for constrained parameter optimization problems. *Evolutionary computation*, vol. 4, n.1, p.1-32, 1996.

PAPADIMITRIOU, C. H.; STEIGLITZ, K. *Combinatorial optimization*: algorithms and complexity. New Jersey: PrenticeHall, 1982.

PARAVIDINO NETO, E.; VIANNA, D. S. Heurísticas eficientes para o problema de geração de grade escolar automatizada. *Revista produção e engenharia*, v.4, n.1, p.330-337, 2013.

RIBEIRO, C. C. Metaheuristics and applications. In: ADVANCED SCHOOL ON ARTIFICIAL INTELLIGENCE, Estoril. *Anais...* Portugal, 1996.

SCHAEFER, A. A survey of automated timetabling. *Artificial intelligence review*, vol. 13, n.2, p.87-127, 1999.

SELIM, S. M. An algorithm for producing course and lecture timetables. *Computers & Education*, vol. 7, n.2, p. 101-108, 1983.

SILVA, G. C.; PEREIRA, R. S.; BOAVENTURA NETTO, P. O.; JURKIEWICZ, S.; MEIRELLES, L. A. Programação de horários com reservas no curso de graduação em Engenharia de Produção da UFRJ. In: SIMPÓSIO BRASILEIRO DE PESQUISA OPERACIONAL, 39, Goiânia. *Anais...* Goiânia: SOBRAPO, 2006.

SORENSEN, M.; DAHMS, F. H. W. A two-stage decomposition of high school timetabling applied to cases in Denmark. *Computers & Operation research*, vol. 43, p.36-49, 2014.

TOMAZELA, M. G. Utilização de algoritmo genético para elaboração de grade horária. *Revista científica do IMAPES*, v. 1, n. 1, p.28-33, 2003.

TORMAN, V. B. L; COSTER, R; RIBOLDI, J. Normalidade de variáveis: métodos de verificação e comparação de alguns testes não-paramétricos por simulação. *Clinical & Biomedical research*, v. 32, n. 2, p. 227-234, 2012.

WERRA, D de. (1985). An introduction to timetabling. *European journal of operational research*, v. 19, p. 151-162, 1985.

WERRA, D.; ASRATIAN, A. S.; DURAND, S. Complexity of some special types of timetabling problems. *Journal of scheduling*, vol. 5, n. 2, p. 171-183, 2002.

WREN, A. Scheduling, timetabling and rostering: a special relationship? In: Burk, E.; Ross, P. (Org.). *Practice and theory of automated timetabling*. Berlin: Springer, 1995.

Capítulo 4

Utilização das Tecnologias da Informação e Comunicação na rotina acadêmica dos professores do curso de Pedagogia da UFES

Adriana da Costa Barbosa, Carolayne Gonçalves da Silva,
Jéssica Rodrigues Siqueira e Samara de Oliveira

Introdução

Desde o início da década de 90, com a disseminação e popularização dos computadores e da internet, a sociedade vem sofrendo mudanças sociais e culturais significativas devido à inserção dessas e de outras inovações tecnológicas tanto no seio da informação como da comunicação.

As gerações que presenciaram o nascimento e a inserção dessas tecnologias no mundo puderam acompanhar a rapidez com que elas se proliferaram, o aumento de tarefas auxiliadas por elas e as evoluções nas funcionalidades, *design* e portabilidade dos muitos aparatos digitais que as compõem. Em contrapartida, os filhos dessa geração, não vivenciaram a explosão tecnológica, já nasceram em um mundo em que a tecnologia sempre existiu. É obsoleto, para eles, tudo que foi recebido como novidade por seus pais. A forma de ver, de pensar, de fazer, de produzir e de ser dessa geração é influenciada pelo ciberespaço e constitui-se em uma cibercultura que é marcada pela presença das tecnologias da informação e comunicação (TIC).

Na cibercultura, a relação com o saber está se reconfigurando uma vez que o ciberespaço oferece recursos que ampliam funções psicológicas superiores como a percepção (realidade virtual, sensores digitais, telepresença), imaginação (sons, imagens e simulações), memória (banco de dados, arquivos, hipertextos) entre outras. Nesse contexto a TIC influencia a educação e formação dos sujeitos.

O crescimento do ciberespaço afetou a maneira como se aprende bem como as atitudes e a cultura dos sujeitos que nele habitam. Nesse sentido é preciso pensar em uma articulação da TIC no ensino, não apenas para auxiliar no desenvolvimento de várias atividades, mas para promover de forma efetiva uma aprendizagem significativa frente a naturalidade com que as gerações atuais lidam com esses recursos digitais.

Neste artigo, estudaremos o uso das tecnologias da informação e comunicação (TIC) na rotina docente dos professores do curso de pedagogia da UFES visando identificar como os professores, nascidos em uma geração que presenciou a explosão da tecnologia, integram essas ferramentas nas suas práticas docentes. Além disso, houve um movimento de verificar quais são suas impressões e percepções sobre o uso da TIC no desempenho das atividades docentes.

A problemática se pautou na utilização da TIC na prática de ensino e na rotina dos professores do curso de pedagogia da UFES, levando em consideração o reconhecimento da importância das tecnologias no espaço acadêmico e o modo como o mesmo é utilizado pelos professores nas suas atividades profissionais. O trabalho buscou descrever a relação do professor com a TIC, os tipos de ações desempenhadas pelos docentes e o acesso, apropriação e inserção da TIC nessas ações. Para tal foi realizada uma pesquisa de campo, de natureza quanti-qualitativa, tendo por finalidade discutir as práticas de ensino e a rotina acadêmica de professores do curso de Pedagogia da UFES no contexto da TIC.

Durante o desenvolvimento do estudo, houve a preocupação de conhecer as TIC usadas pelos professores do curso de Pedagogia no desenvolvimento de suas funções docentes, distinguir as gerações dos professores, relacionar o uso das TIC's com as gerações, apresentar as características das novas gerações e por fim, apresentar recomendações para integrar as gerações no contexto do uso das TIC.

Para ajudar no aprofundamento do tema, Lévy foi usado como referencial teórico por se tratar do precursosr do estudo das transformações sociais e culturais que a tecnologia provoca na sociedade. Utilizamos conceitos formulados pelo autor para compreender o uso da informática na sociedade e consequentemente no campo educacional. Além disso, Tapscott, Prensky, Howe e Strauss foram abordados para abordar a relação entre geração e tecnologia.

Curso de Pedagogia da Universidade Federal do Espírito Santo

A criação do curso de Pedagogia da UFES ocorreu em 1954 com a criação da Faculdade de Filosofia, Ciência e Letras do Espírito Santo. A partir de 1968, houve uma reestruturação na universidade que culminou na criação do Centro Pedagógico que desde 2002 passou a ser denominado de Centro de Educação, em virtude da ampliação da sua ação na instituição com o atendimento às demais licenciaturas na oferta de disciplinas pedagógicas (Projeto Político Pedagógico, 2015).

No Centro de Educação da UFES, o curso é ofertado em dois turnos: matutino e noturno. Sua carga horária total é de 3.410 horas sendo que 2.805 horas são destinadas as disciplinas gerais, 405 horas ao estágio supervisionado e 200 horas as atividades complementares. O tempo mínimo de integralização do curso é de 4 anos para o turno matutino e de 4 anos e meio para o turno noturno.

Para atuar no curso, o Centro de Educação dispõe de 90 docentes com doutorado em educação ou em áreas específicas sendo que desses, 30% são do sexo masculino e 70% do sexo feminino. Do total de professores, 80% estão ministrando aulas no curso de Pedagogia, conforme verificado no horário de aula de 2016/01. A maioria deles, além das atividades de ensino, também desempenham tarefas no âmbito da pesquisa e da extensão (Projeto Político Pedagógico, 2015).

O curso é normatizado pela Resolução CNE/CP Nº 1, de 15 de Maio de 2006 que instituiu as Diretrizes Curriculares do Nacionais do Cursos de Pedagogia. Nas diretrizes, o egresso do curso de Pedagogia, em meio a outras obrigações, deverá estar apto a produzir e difundir "conhecimento científico-tecnológico do campo educacional, em contextos escolares e não-escolares", além de demonstrar "domínio das tecnologias de informação e comunicação adequadas ao desenvolvimento de aprendizagens significativas" (BRASIL, 2006).

Dessa forma, a legislação regulamenta a inserção das TIC nos cursos de Pedagogia. Em atendimento a legislação, a estrutura curricular do curso de Pedagogia da UFES contempla duas disciplinas diretamente relacionadas a TIC, uma obrigatória e a outra optativa. A disciplina intitulada Tecnologia de Informação e Comunicação como Apoio Educacional é obrigatória, tem carga horária de 60h e é ofertada no sexto período, já a disciplina de Linguagem e Tecnologias Educacionais, é optativa, também tem carga horária de 60 h e pode ser ofertada no sétimo ou oitavo período (Projeto Pedagógico, 2010).

Além das disciplinas que abordam a tecnologia no ensino, as outras disciplinas tem a disposição alguns recursos tecnológicos para apoiar suas atividades, dentre os quais destaca-se o projetor de multimídia, a internet sem fio, o notebook e ferramentas como o e-mail institucional e portal acadêmico que pode ser utilizado para se comunicar com as turmas através do envio de mensagens eletrônicas (e-mail) coletivas, realizar a verificação de frequência e registrar o andamento da disciplina. Também é importante mencionar há um laboratório de informática.

A presença de disciplinas que tratam a temática de tecnologia da informação e comunicação e a preocupação em inserir recursos digitais de apoio às aulas são indícios de um movimento de reflexão quanto a transformação da formação para as sociedades contemporâneas.

As relações na sociedades atuais, estão intrinsicamente relacionadas a tecnologia, a ponto dos indivíduos que compõem essa sociedade, não imaginarem a vida sem a presença de artefatos digitais como a internet, o celular inteligente (smartphone), os computadores (portáteis ou de mesa) , as Tvs, entre outros.

TIC na Educação na perspectiva de Pierre Lévy

A inserção da TIC na sociedade está mudando a forma de pensar, de ver, de fazer, de produzir e de ser da cultura contemporânea. Nesse sentido percebe-se o surgimento da cibercultura em decorrência da criação de um espaço sem fronteiras chamado de ciberespaço.

Lévy (1999, p.17) define ciberespaço, também denominado rede, como " o novo meio de comunicação que surge da interconexão mundial de computadores" e alerta que não se trata somente da "infraestrutura material de comunicação digital, mas também o universo oceânico de informações que ela abriga, assim como os seres humanos que navegam e alimentam esse universo" (idem). Assim, o ciberespaço visa "uma certa forma de usar as infraestruturas existentes" (Idem, p.124) e se constitui "um tipo particular de relação entre as pessoas" (Idem) .

Tais relações formam uma nova cultura chamada por Lévy (1999,p.17) de cibercultura e que se constitui como um conjunto de "práticas, de atitudes, de modo de pensamento e de valores que se desenvolvem juntamente com o crescimento do ciberespaço". A cibercultura nasceu com o ciberespaço e a medida que este se propagou por meio dos avanços e barateamento da tecnologia, ela se universalizou, pois está em toda parte.

Lévy (1999, p.157) defende que "o ciberespaço suporta tecnologias intelectuais que amplificam, exteriorizam e modificam numerosas funções cognitivas humanas: memória, imaginação, percepção, raciocínio" mas alerta que tais tecnologias "devem ser pensadas em termos de articulação e de criação de sinergia" e não como "substituição" (Idem, p.165). Assim, há a necessidade de "construir novos modelos do espaço dos conhecimentos" que sejam "abertos, contínuos, em fluxo, não lineares, se organizando de acordo com os objetivos ou os contextos, nos quais cada um ocupa uma posição singular e evolutiva" (idem , p.158).

Nesse aspecto, a formação sofre "uma profunda mutação qualitativa no sentido de uma necessidade crescente de diversificação e de personalização" (Idem, p. 169). É preciso um "novo estilo de pedagogia, que favorece ao mesmo tempo as aprendizagens personalizadas e a aprendizagem coletiva em rede" (Idem, p.158).

O autor discorre que é preciso haver mudanças de ordem qualitativa nos processos de ensino e de aprendizagem. E essa mudança não se restringe ao uso de todas as novas tecnologias na educação, mas se estende a alteração dos "mecanismos de validação das aprendizagens" (Idem, p.175). Além disso, salienta que no ciberespaço "emergem gêneros de conhecimento inusitados, critérios inéditos para orientar o saber, novos atores na produção e tratamento dos conhecimentos" (idem, p.167) e isso deve ser levado em consideração.

Nesse espaço cibernético, os docentes precisam tomar consciência que sua função "não pode mais ser uma difusão dos conhecimentos, que agora é feita de forma mais eficaz por outros meios" (Idem, p. 171). Eles assumem uma "atividade centrada no acompanhamento e na gestão das aprendizagens" (Idem) e devem permanecer "abertos, benevolentes, receptivos em relação à novidade" (Idem, p.12).

Os filhos da cibercultura

Os sujeitos que nasceram imersos em um mundo repleto de tecnologias digitais de informação e comunicação tem uma relação peculiar com a TIC. Eles apresentam diferentes comportamentos, tem expectativas de vida e de aprendizagem que diferem das gerações que os antecederam.

Tapscott (1999, p.2,) os chamou de geração Net. Segundo o autor eles se relacionam com a tecnologia de uma forma diferente dos seus pais. Para a geração Net a tecnologia não difere de uma torradeira, pois se sentem confortáveis, bem informados e alfabetizados com as inovações da sociedade.

Prensky (2001, p.1) denomina essa geração, que cresceu rodeada pelas tecnologias digitais, de Nativos Digitais. Ele defende que os Nativos Digitais pensam e processam a informação de uma forma muito diferente dos seus pais, chamados de Imigrantes Digitais. Os Nativos Digitais são fluentes na linguagem digital, manuseiam computador, internet, games, e outros recursos digitais com naturalidade. Em oposição, os Imigrantes Digitais nasceram no mundo analógico e como tal carregam uma espécie de sotaque que são as atitudes que remetem ao seu tempo, como a necessidade de imprimir documentos (e-mail, textos para realizar alterações, etc.) ou o desejo do presencial para confirmar informações (mostrar um site ou ligar para confirmar o recebimento de um e-mail).

Howe e Strauss (2007, p.45) usam a nomenclatura de Geração do Milênio quando se referem a geração das pessoas nascidas entre 1982 e 2004 que é o período em que houve a popularização da internet, dos computadores, dos games, dos celulares e de outros aparatos tecnológicos nos Estados Unidos. Os autores trazem 19 gerações que compõem a história dos Estados Unidos, as mais recentes são: a geração GI (1901-1924), a geração do silêncio (1925 -1942), a geração Boom (1943-1960), a geração X (1961-1981), a geração do Milênio (1982-2004) e a geração da Pátria (2005 -2025).

O termo geração Y também é usado para designar a geração da cibercultura. Segundo Halse and Mallinson (2009, p.59), a geração Y são os nascidos entre 1984 e 2007. São indivíduos acostumados a serem bombardeados com grandes quantidades de informação e conseguem filtrar de forma seletiva que os interessam. Além disso, estão acostumados a aprender de forma interativa e reflexiva, através de diferentes meios de comunicação.

Essa geração nasceu em meio ao ciberespaço, "espaço de encontro, de compartilhamento e de invenção coletiva" caracterizado pela "prática de comunicação interativa, recíproca, comunicativa e intercomunicativa" (Levy, 1999, p.126).

Nesse sentido, Prensky (2001, p. 2) também ressalta que os Nativos Digitais estão acostumados a receber informações de maneira muito rápida. Eles fazem várias tarefas simultaneamente (multitarefas) e gostam de ver imagens antes de lerem os textos. Eles preferem hipertextos e se sentem funcionais quando estão conectados. Além disso, anseiam por gratificações instantâneas e recompensas frequentes.

Isso evidencia que o "uso crescente das tecnologias digitais e das redes de comunicação interativas acompanha e ampliffica uma profunda mutação na relação com o saber" (Levy, 1999, p.172).

Segundo Tapscott (1999, p. 1), na educação, essa geração está forçando uma mudança no modelo pedagógico, desviando o foco do professor para o aluno, através de um modelo baseado na colaboração. Isso em virtude do crescimento do ciberespaço em apresentar "novas possibilidades de criação coletiva distribuída, aprendizagem cooperativa e colaboração em rede" (Levy, 1999, p. 172).

Halse and Mallinson (2009, p. 66) orientam que o uso dirigido de ferramentas que facilitam a aprendizagem independente e colaborativa, a reflexão e trabalho em rede, são bons recursos pedagógicos para se trabalhar com a geração Y.

Os sujeitos que compõem a geração da cibercultura "toleram cada vez menos seguir cursos uniformes ou rígidos que não correspondem as suas necessidades reais e à especificidade de seu trajeto de vida" (Lévy, 1999, p.169). Para essa geração, aulas expositivas não são interessantes.

Nesse aspecto, Lévy (1999, p. 171) defende que "a principal função do professor não pode mais ser uma difusão dos conhecimentos, que agora é feita de forma mais eficaz por outros meios", é preciso haver um deslocamento do professor no sentido de "incentivar a aprendizagem e o pensamento" através do "acompanhamento e na gestão das aprendizagens" na forma de "mediação relacional" e na personalização de aprendizagem.

Isso ocorre, pois essa geração pensa e aprende de maneira diferente das gerações anteriores, devido a inserção no ciberespaço desde o nascimento. As gerações da cibercultura não estão "mais confrontados a saberes estáveis, a classificação de conhecimentos legados e confortados pela tradição, mas sim a um saber-fluxo caótico, de curso dificilmente previsível no qual se deve agora aprender a navegar" (Levy, 199, p. 173).

Metodologia

Para a realização dessa pesquisa optou-se por uma pesquisa qualitativa exploratória. Segundo Gil (1999, p. 43) "as pesquisas exploratórias têm como principal finalidade desenvolver, esclarecer e modificar conceitos e ideias, tendo em vista a formulação de problemas mais precisos ou hipóteses pesquisáveis para estudos posteriores", isto é, conhecer melhor a situação que está sendo estudada.

A abordagem utilizada para a coleta de dados desse trabalho foi a entrevista que segundo Gil (1999, p. 117) "é a técnica em que o investigador se apresenta frente ao investigado e lhe formula perguntas, com o objetivo de obtenção dos dados que lhe interessam a investigação". A entrevista foi realizada de forma estruturada, ou seja, "a partir de uma relação fixa de perguntas, cuja ordem e redação permanece invariável para todos os entrevistados" (idem, p.121) de forma que "as informações obtidas possam ser comparadas ente si" (idem, p.124).

No trabalho foram entrevistados 06 docentes do curso de Pedagogia da UFES. A escolha dos professores foi aleatória e intencionalmente, os professores das disciplinas de tecnologia, não foram selecionados para evitar um direcionamento dos resultados. Durante a realização das entrevistas, optou-se pela gravação, pois segundo Gil (1999, p. 125) "o único modo de reproduzir com precisão de respostas é registrá-las durante a entrevista, mediante anotações ou com o uso de um gravador". No caso, foi utilizado um aparelho celular para gravar as falas dos docentes.

As perguntas buscaram obter informações sobre a inserção da TIC na rotina acadêmica dos professores do curso de Pedagogia da UFES e sobre a relação que esses docentes têm com as tecnologias digitais com o objetivo de verificar se existe algum conflito geracional no uso da TIC.

Análise dos dados

De acordo com a classificação geracional de Howe e Strauss (2007, p.44), 83 % dos entrevistados pertencem a geração X. Os autores apontam que essa geração cresceu em uma época de falhas tanto na escola como nos casamentos. Eles aprenderam desde cedo a desconfiarem das instituições sociais, como a família. Quando adultos tiveram seu mundo abalado pela revolução sexual, o aumento do divórcio, o crescimento da cultura popular e a batalha contra a AIDS. Casaram-se tarde, mas construíram famílias fortes baseadas na lealdade e na cooperação. Eles são considerados uma geração empreendedora e solidária.

Na classificação de Prensky (2001, p. 2-3) a maioria dos entrevistados são considerados Imigrantes Digitais. O autor afirma que os professores Imigrantes Digitais assumem que a forma de aprender dos alunos é a mesma que as deles. Assim, utilizam métodos que funcionaram consigo, na época em que eram alunos. Eles não acreditam que seus alunos podem aprender com sucesso, assistindo televisão e ouvindo música ao mesmo tempo, pois eles não conseguem. Prensky (2001, p. 6) orienta que é preciso inventar metodologias para todos os Nativos Digitais, em todos os níveis de ensino, usando o próprio estudante como guia.

No início da entrevista, os professores foram questionados sobre a relação que possuíam com a tecnologia fora do ambiente de trabalho, as respostas convergiram para uma inserção digital. Todos utilizam algum dispositivo digital com frequência como computador (notebook ou desktop) e dispositivo móvel (celular inteligente e tablet). Utilizam para se comunicar (e-mail e aplicativo de mensagens instantâneas), acessar redes sociais e blogs, escutar música e ver filmes. Lévy nos ajuda a compreender que a inserção no ciberespaço é um movimento internacional para vivenciar de forma coletiva, novas maneiras de se comunicar e interagir pois:

> "[...] estamos vivendo a abertura de um novo espaço de comunicação, e cabe apenas a nós explorar as potencialidades mais positivas desse espaço nos planos economico, político, cultural e humano." (LÉVY, 1999, p.11)

É Importante mencionar que 50% dos entrevistados destacaram o aspecto de invasão das tecnologias digitais, ao expressarem sua relação com elas. Surgiram expressões como "elas nos engolem", "elas tomam todo o nosso tempo" e "infelizmente fomos engolidos por ela". Além disso, 17% dos entrevistados alertam para a necessidade de ter disciplina no uso desses aparatos digitais que estão envoltos a uma "sedução tecnológica". Nesse sentido Lévy pede que

> "[...] permaneçamos abertos, benevolentes, receptivos em relação à novidade [...] reconhecer as mudanças qualitativas na ecologia dos signos, o ambiente que resulta da extensão das novas redes de comunicação para a vida social e cultural. Apenas dessa forma seremos capazes de desenvolver estas novas tecnologias dentro de uma perspectiva humanista." (LÉVY, 1999, p.12)

Ao serem questionados sobre o tipo de dispositivo usado na realização das funções docentes, todos mencionaram o computador e relataram que o utilizam na organização das aulas, na correção dos textos recebidos dos alunos, no acesso ao portal institucional, no envio/recebimento de e-mails e na leitura. Em relação à frequência de uso, todos afirmam passar várias horas usando o computador. Lévy (1999, p. 44) define o computador como "uma montagem particular de unidades de processamento, de transmissão, de memória e de interfaces para entrada e saída de informações" quando este está conectado ao ciberespaço tem a "capacidade de memória e de cálculo de outros computadores da rede" (idem).

Nesse momento foi indagado sobre o uso da internet, o que se faz no ciberespaço e com que frequência quando realizam funções relacionadas ao trabalho. As respostas comuns a todos os entrevistados foram pesquisas acadêmicas e ler/receber e-mail. Interessante que 34% mencionaram que não imaginam o "computador sem internet" e que "fazem tudo na internet", mas desses, 17% dizem que a internet tem efeitos dispersivos isto é, "as vezes quando estou sem internet o meu rendimento é melhor, estudando". Percebe-se que o computador "não é mais o centro, e sim um nó, um terminal, um componente da rede universal calculante" que é o ciberespaço (Lévy ,1999, p. 44).

Além disso, 50% se mostraram cautelosos no uso de redes sociais, as falas que remetem a essa preocupação foram: "eu só não participo de algumas redes sociais, tipo facebook, pois me contribuiria muito pouco", "Não uso facebook. Ele tem muitas qualidades mas é usado com fins muito estranhos então prefiro estar afastada" e " se você fica nessa rede [facebook] você não consegue produzir".

Em relação a essas inseguranças Lévy (1999, p. 12) afirma que

> "Não quero de forma alguma dar a impressão de que tudo o que é feito com as redes digitais seja "bom". Isso seria tão absurdo quanto supor que todos os filmes sejam excelentes [...] peço apenas [...] que tentemos compreendê-la, pois a verdadeira questão não é ser contra ou a favor [...]"

A entrevista seguiu com foco para a comunicação do professor para os alunos e vice versa. Foram questionados quais os meios usados para se comunicar com os alunos e a frequência. Todos usam o e-mail para o envio de mensagem individual ou coletiva (e-mail da turma), 83% usam a plataforma acadêmica que permite o envio de mensagens coletivas e 67% utilizam aplicativos de mensagens instantâneas (whatsapp). Em relação aos que não usam o whatsapp, algumas preocupações foram levantadas como: "não acho ainda o melhor recurso didático, acho que tem rapidez, mas tem a invasão pessoal" e "[o whatsapp] faz com que a pessoa, às vezes, se dirija as outras pessoas sem ter o tempo de pensar, para refazer um discurso, para escolher palavras melhores a serem ditas". A resistência em usar o aplicativo de mensagem eletrônica mostra a dificuldade de usar a habilidade de filtrar quantidades imensuráveis de informação ou de mensagens. Para uma pessoa nascida na geração Y, isso não seria uma perdição. Lévy afirma que " [as tecnologias] projetam no mundo material, nossas emoções, intensões e projetos. Os instrumentos que construímos nos dão poderes mas, coletivamente responsáveis, a escolha está em nossas mãos" (1999, p. 17) .

Em relação à frequência de comunicação (envio de e-mails e mensagens instantâneas), as respostas variaram: "toda semana" ou "semanalmente", "diariamente", "no início das aulas com mais frequência, toda semana. Agora deu uma diminuída", "toda vez que os alunos procuram" e "no início do semestre muito. Na rotina desse semestre eu diria que é uma comunicação entre uma aula e outra". Isso demonstra que todos estão no ciberespaço.

É importante destacar alguns aspectos das falas nesse ponto: 17% afirmam ter mais de um e-mail para distinguir as relações pessoais das profissionais e da mesma forma, o mesmo quantitativo de professores afirma preferir que os alunos "já saiam da aula comunicados face a face", ou seja, preferem que a comunicação se realize na sala de aula.

Também foi questionado quais funções eles realizam e quais programas ou aplicativos (Apps) são utilizados na realização dessas funções.

> "O professor faz ensino, pesquisa e extensão. No âmbito da pesquisa a gente utiliza o tempo inteiro. Quando você está fazendo pesquisa, você está produzindo um artigo. Você está o tempo todo consultando, indo a banco de dados. Hoje você faz isso online. No âmbito da extensão, depende do projeto. [...] Quando estou executando o projeto, estou fora das redes sociais [...]. No ensino, na sala de aula é a mesma coisa. A tecnologia tem uma lógica de apoio a execução da disciplina. Aí eu utilizo sim, meus textos são todos textos onlines. Os alunos acessam. No âmbito do desenvolvimento do ensino, na hora da disciplina, não utilizo redes sociais. Utilizo aquela coisa básica que a gente utiliza. Um vídeo, já baixado previamente. Naquele momento o meu celular está na bolsa. O computador está sendo usado como projetor. Na minha perspectiva você não está usando o computador, mas um recurso de projeção [...]" (Professora A da geração X)

Na fala da professora, há uma categorização das funções docentes em três eixos: ensino, pesquisa e extensão. Em cada eixo, há uma diferenciação das atividades realizadas. Percebe-se que a pesquisa é vista como uma atividade que não pode ser dissociada do uso de internet e computador. Já a extensão, aparentemente tem duas facetas, uma que antecede a execução e a execução, propriamente dita. A fase que antecede a execução deve ser o planejamento. Na fala da professora há indícios que nessa atividade se utiliza a tecnologia, mas na fase de execução, não. Em relação ao ensino, a fala transparece que há dois momentos: a preparação e a realização da aula. Na preparação, a tecnologia se faz presente com a busca de vídeos, disponibilização de textos e preparação da apresentação de slides que será usada na realização da aula. Na aula, em si, ocorre a utilização do computador e do projetor multimídia. É interessante destacar que a professora associa a tecnologia à rede, ao estar conectada, às redes sociais, ou seja, ao ciberespaço. O computador sem internet é visto como um mero projetor. O que tecnicamente não está correto, o computador é composto por um recurso de saída, o monitor, que exibe as informações processadas e a projeção dessas informações é realizada pelo projetor multimídia.

Os outros professores não fizeram uma categorização explicita das suas atividades como fez a professora A. No entanto, ao listarem as tarefas que lhe são atribuídas em decorrência do cargo, é possível classificá-las em um dos três eixos mencionados. Dentre as atividades, temos: o planejamento; a aula; a orientação de trabalhos; a produção e revisão de artigos; a coordenação de projetos, laboratórios e grupos de pesquisa e a organização de seminários e cursos;

Em relação aos recursos tecnológicos utilizados na realização dessas atividades, todos mencionaram o computador, 83% chamaram a atenção para a comunicação por e-mail, 34% disseram explicitamente que utilizam o pacote Office da Microsoft (Word e Power Point) e o mesmo percentual disse utilizar livros.

Ao responder essa pergunta o professor B, chama a atenção para a ausência de barreiras temporais ou espaciais que o trabalha o assumiu com a evolução tecnológica.

"As tecnologias ajudam, mas pode a trabalhar também. Com a tecnologia você está sendo permanentemente demandado. Você tem que saber a hora de olhar uma informação. [...] Eu costumo represar um pouco essas demandas. Por exemplo, se recebi um whatsapp em um determinado horário, eu não olho. Eu só vejo que eu recebi. Essas coisas têm que tomar muito cuidado, senão você entra em uma roda viva e fica recebendo e dando input e output o tempo inteiro." (Professor B da geração X)

As últimas perguntas fizeram referência a relação deles com a tecnologia no ambiente de trabalho, as dificuldades com a utilização dessas tecnologias e sua opinião sobre a utilização das tecnologias na rotina docente, de forma geral.

A relação que eles têm com a tecnologia apareceu na forma de suporte ou ferramenta de trabalho, o professor E, diz que a utiliza "[...] como ferramenta de trabalho, nada mais que isso." e a professora A afirma que "[...] em um momento é processo de comunicabilidade, em outro momento é processo informativo, em outro momento ela é lazer. Ela é eminentemente um suporte".

Aspectos relacionados à comunicação com os alunos, a integração com o trabalho e de "ecologicamente correta" também foram atribuídos a tecnologia.

"É importante a partir do momento que te possibilita um contato maior com os alunos. Um contato fora. Possibilita passar mais material que as vezes uma xerox não possibilitaria. Acho que tem muita coisa que pode ajudar." (Professora F da geração X)

"[...] pra nós professores é ecologicamente correto, pois você evita a produção de um monte de papel. Então, hoje, assim, eu fico pensando, que é muito difícil não ter computador. Não ter essa ferramenta a nossa disposição." (Professora C da geração X)

"Eu não consigo ver o ambiente de trabalho sem a tecnologia, hoje. Fui aluna e professora no período do retroprojetor. Acho que não dá para pensar a educação sem a tecnologia. Não tem como." (Professora D da geração X)

Quanto as dificuldades, os professores 50% dos professores disseram não ter nenhuma dificuldade e identificam-se como sujeitos que tentam "aprender e entender como é que funciona" , "eu entro em um sistema e rapidamente aprendo [...]. Não tenho dificuldade" ou ainda como pessoas que dominam a tecnologia "nunca tive dificuldade para lidar com máquinas, não também não tenho aversão e nem fobia".

Nas falas dos professores é possível perceber apesar de serem classificados como geração X, eles seguem o mesmo padrão de comportamento da geração Y que é a facilidade e interesse em aprender e manusear as novidades tecnológicas, sem a necessidade de leitura de manuais.

Os outros 50% disseram que possuem limitações na operação, dentre as falas destacam-se "eu acho que eu fico muito restrita [exemplifica com alguns programas]", "acho que uso pouco, poderia, por exemplo, elaborar atividades e provas online, que eu não faço", "Tenho dificuldade. Nem todas as ferramentas [exemplifica com nomes de programas] eu conheço". Percebe-se aqui que há um "sotaque" no domínio dos recursos tecnológicos.

Em relação a visão deles sobre a utilização das tecnologias na educação de maneira geral, as falas foram marcadas pelo reconhecimento da importância da tecnologia na sociedade, a necessidade de entender as inovações tecnológicas para entender a vida dos alunos, alguns aspectos negativos como a perda de privacidade e a segurança, além da necessidade de haver um planejamento adequado ao usar os recursos tecnológicos disponíveis e uma crítica a educação à distância.

"Acho importante como professor, entender a tecnologia. Até porque você entende a vida dos estudantes [...] a questão do uso do celular. [...] Nas minhas disciplinas não está proibido usar o celular ou o computador. É até recomendado, pois os textos estão online. Não precisa imprimir. [...] admiro, tem muitos estudantes que leem os textos no celular. E ali, na minha perspectiva, não tem um celular tem um texto num outro suporte [...]. Agora, celular para ficar conversando na hora da aula eu acho que essa é uma dificuldade de uso. [...] Estou lendo o texto mas estou na rede social[...]" (Professora A geração X)

"Tem uma coisa complicada da tecnologia que é a invazibilidade digamos da informação que chega pra você. E ás vezes você perde a privacidade. Exemplo, uma informação sua repassada para outros sem sua autorização ou o envio de uma informação para você com cópia para outro. [...] você expõe o outro nesse processo[...]. Outra coisa é deixar dados sigilosos gravados no computador por engano, como a senha do e-mail [...]" (Professora B geração X)

"Acho que informática e os softwares são boas plataformas de ensino, mas se não houver um planejamento adequado [...], acho que o software vai ajudar pouco. Essa popularização da educação a distância, em minha opinião, deveria ser revista, porque [...] uma das funções da escola e instituições de ensino é promover o encontro de pessoas, aprendemos muito mais do que aquilo que está previsto em nosso currículo. Os professores se tornam marcantes a medida em que temos contato com eles[...]". (Professora E da geração X)

Em relação às falas dos professores, Lévy (1999, p.17) nos ajuda a compreender que "[as tecnologias] criam novas condições e possibilitam ocasiões inesperadas para o desenvolvimento das pessoas e das sociedades, mas que elas não determinam automaticamente nem as trevas nem a iluminação para o futuro humano".

Diante o exposto, foi possível perceber que as maiorias dos docentes entrevistados pertencem a geração X, os chamados Imigrantes Digitais.

Eles mostraram-se inseridos no ciberespaço, mas possuem alguns "sotaques" no uso da tecnologia na realização do seu trabalho. Esses sotaques estão relacionados a perspectivas de uso e crenças que remetem às tradições da sua geração, como a necessidade de leitura em livro, a falta de intimidade em ler no celular, o incômodo de dar aula com o aluno nas redes sociais.

Conclusão

A partir do estudo realizados através do levantamento bibliográfico e das entrevistas, foi possível verificar que os docentes do curso de Pedagogia da UFES, reconhecem a necessidade e importância da inserção das tecnologias nas suas ações, especificamente nas atividades fora da sala de aula. Em relação às práticas dentro da sala de aula, há a negação, por exemplo, o uso do portal acadêmico para a realização de verificação de frequência online, a falta de interesse em usar redes sociais, a ausência do uso de jogos que estimulam habilidades como o cuidar, educar, gerenciar, etc. No entanto há o reconhecimento da tecnologia como um suporte. Por exemplo, a apresentação de slides substituindo o quadro ou a digitalização do texto presente no computador ou celular substituindo o livro. Da mesma forma, há um movimento do uso da tecnologia como uma amplificadora das funções psicológicas superiores como o uso de vídeos (percepção) para ilustrar diversos conteúdos.

Assim, perde-se a necessidade de realizar um estudo mais detalhado de forma a analisar a inserção das TIC nas salas de aula e de que maneira elas contribuem para execução das atividades para a aprendizagem significativa dos alunos.

Referências

BRASIL. Resolução CNE/CP n.1, de 15 de maio de 2016. Institui Diretrizes Curriculares Nacionais para o curso de graduação em Pedagogia, Licenciatura. *Diário Oficial [da] República Federativa do Brasil*, Brasília, 16 mai. 2006.

GIL, A. C. *Métodos e técnicas de pesquisa social*. 5. ed. São Paulo: Atlas, 1999.

HALSE, M. L.; MALLINSON, B. J. Investigating popular Internet applications as supporting e-learning technologies for teaching and learning with Generation Y. *International Journal of Education and Development using ICT*, vol. 5, n. 5, p. 58-71, 2009.

HOEN, N.; STRAUSS, W. The Next 20 Years: How Customer and Workforce Attitudes Will Evolve. *Harvard business review*, vol. 85, n. 7-8, p. 41-52, 2007.

LÉVY, P. *Cibercultura*. São Paulo: Ed 34, 1999.

PRENSKY, M. Digital Natives, Digital Immigrants. *On the Horizon*, vol. 9, n. 5, p. 1-6, 2001.

TAPSCOTT, D. Growing up digital: How the net generation is changing your word. New York: McGraw-Hill., 1999.

UNIVERSIDADE FEDERAL DO ESPÍRITO SANTO. Centro de Educação. *Projeto Pedagógico* - *2010*. Disponível em: <http://www.ce.ufes.br/sites/ce.ufes.br/files/field/anexo/PPC-Matutino.pdf>. Acesso em: 07 jun. 2016.

UNIVERSIDADE FEDERAL DO ESPÍRITO SANTO. Centro de Educação. *Projeto Pedagógico* - 2015. Disponível em: <http://www.ce.ufes.br/sites/ce.ufes.br/files/field/anexo/projeto_politico-pedagogico_centro_de_educacao_0.pdf<. Acesso em: 07 jun. 2016.

Capítulo 5

Nível de adesão das empresas atuantes no mercado capixaba ao modelo de relatório de sustentabilidade GRI[4]

Gladyson Brommonschenkel Demonier, Juliana Lobato Demonier e Mirian Albert Pires

Introdução

A partir da Assembleia Geral das Nações Unidas ocorrida no ano de 1979, o tema desenvolvimento sustentável entrou na pauta da Organização das Nações Unidas (ONU), no qual oito anos mais tarde, mais precisamente no ano de 1987, através do documento intitulado Nosso Futuro Comum, a ONU definiu o Desenvolvimento Sustentável como sendo o desenvolvimento que satisfaz as necessidades presentes, sem comprometer a capacidade das gerações futuras (IPIRANGA; GODOY; BRUNSTEIN, 2011).

Porém, foi a partir do ano de 1992, com a participação de lideranças de mais de 170 países na cúpula da terra, conhecida como Eco 92, no Rio de Janeiro, que o tema desenvolvimento sustentável assumiu destaque no cenário mundial, despertando relacionada às consequências do desenvolvimento insustentável observado até então (GODOY, 2007).

Assim, com a conscientização sobre os malefícios do desenvolvimento insustentável, houve a necessidade de criar mecanismos para acompanhar o desenvolvimento das entidades, e diante dessa necessidade, sugerimos

---

[4] Publicado originalmente na Reunir – Revista de Administração, Contabilidade e Sustentabilidade (vol. 5, n. 3, p.1-18, 2015).

Relatórios de Sustentabilidade ou Balanço Social como uma importante ferramenta, tendo como objetivo demonstrar com maior transparência as atividades empresariais e ampliar o diálogo da organização com a sociedade a cerca dos impactos sociais, ambientais e econômicos proveniente de sua atividade (CARVALHO; SIQUEIRA, 2007).

Assim, com a conscientização sobre os malefícios do desenvolvimento insustentável, houve a necessidade de criar mecanismos para acompanhar o desenvolvimento das entidades, e diante dessa necessidade, surgiram os Relatórios de Sustentabilidade ou Balanço Social como uma importante ferramenta, tendo como objetivo demonstrar com maior transparência as atividades empresariais e ampliar o diálogo da organização com a sociedade a cerca dos impactos sociais, ambientais e econômicos proveniente de sua atividade (CARVALHO; SIQUEIRA, 2007).

Entretanto, Siqueira (2003) evidencia que devido à falta de normas de elaboração que padronizem os relatórios de sustentabilidade, estes eram elaborados conforme critérios e padrões de cada empresa, o que dificultava sua interpretação. Assim, diante disso, várias entidades como o Instituto Brasileiro de Análises Sociais e Econômicas (IBASE) e o Instituto Ethos de Empresas e Responsabilidade Social, propuseram modelos de Relatórios de Sustentabilidade.

No entanto, no ano de 1997, a organização *Global Reporting Iniciative* (GRI), formada por uma ampla rede independente composta por milhares de indivíduos e organizações distribuídos em vários países, com o objetivo de desenvolver e disseminar globalmente diretrizes para a elaboração de relatórios de sustentabilidade, propôs o modelo GRI, que, através da utilização de princípios e indicadores ambientais, sociais e econômicos, vem ganhando credibilidade e aceitação no cenário brasileiro e internacional.

Todavia, observam-se empresas que alegam adotar plenamente o modelo GRI, porém omitem respostas a indicadores, justificando tal omissão, conforme permitido pela Organização GRI (NASCIMENTO et al., 2011). Um exemplo verificado nessa pesquisa é o relatório de sustentabilidade da empresa Samarco S.A, apresentado no ano de 2012, que evidencia ter aderido plenamente ao modelo GRI, porém em seu relatório há indicadores que foram omissos, utilizando o argumento de que essas informações são estratégicas para a empresa.

Corroborando, alguns autores apontam a existência de problemas a respeito da elaboração e das informações contidas nesses relatórios (CARVALHO; SIQUEIRA, 2007). Esses autores argumentam que a origem de tais problemas teve início com a inexistência de leis que padronizem e regulamentem os conteúdos mínimos contidos nos relatórios de sustentabilidade.

Desse modo, essa pesquisa acredita que verificar o nível de adesão das cinco maiores empresas que atuam no mercado capixaba ao modelo de relatório de sustentabilidade GRI G3, o que contribuiria para evidenciar o zelo que as empresas estão tendo para com a transparência das informações a cerca dos impactos que suas atividades exercem sobre a sociedade e seu entorno, contribuindo também para fundamentar as decisões a serem tomadas pelos usuários que utilizam as informações de tais relatórios, acompanhando tanto os pontos positivos quanto os negativos, que a organização deixa para a sociedade.

Sendo assim, o presente trabalho formulou a seguinte questão: qual o nível de adesão ao modelo de sustentabilidade GRI G3 das cinco maiores empresas atuantes no mercado capixaba?

Considerando o problema proposto, esta pesquisa tem como objetivo geral, investigar o nível de adesão às diretrizes do modelo GRI G3 das cinco maiores empresas atuantes no mercado capixaba, que adotaram esse modelo para elaboração do Relatório de Sustentabilidade.

Tendo em vista o objetivo geral dessa pesquisa, foram traçados os seguintes objetivos específicos: identificar as cinco maiores empresas atuantes no mercado capixaba que adotaram o modelo GRI G3 para elaborar seu relatório de sustentabilidade, coletar os relatórios de sustentabilidade das empresas selecionadas e por último verificar se todos os indicadores de desempenho estão sendo respondidos.

Para isso, foram selecionadas as cinco maiores empresas atuantes no mercado capixaba, fundamentado no pressuposto que as maiores empresas exercem maiores impactos na sociedade. Por fim, utilizando a técnica de análise de conteúdo para verificar o nível de adesão ao GRI G3 das empresas selecionadas, os resultados desta pesquisa identificaram que o nível de adesão das empresas está em torno de 65%.

Fundamentação Teórica

A seguir uma revisão teórica sobre os relatórios de sustentabilidades.

* Relatório de Sustentabilidade

Nos últimos anos o tema sustentabilidade vem ganhando cada vez mais notoriedade no cenário mundial, e é nesse cenário que as informações sobre os impactos econômicos, sociais e ambientais que as empresas exercem sobre o meio em que elas atuam, vêm sendo cada vez mais requisitadas pela sociedade em geral (TEXEIRA; NOSSA, 2010).

Entretanto, Hendriksen e Breda (2009), argumentam que as demonstrações contábeis são uma importante ferramenta para auxiliar a tomada de decisão, porém, essas demonstrações não evidenciam informações sobre os impactos sociais e ambientais provocados pela atividade da empresa.

Nessa perspectiva, a fim de atender os anseios de tais usuários, surgem os relatórios de sustentabilidade, a qual o Instituto Ethos (2007) define como sendo um meio de prestação de contas à sociedade, evidenciando os impactos das suas atividades no âmbito social, econômico e ambiental.

Iudícibus, Martins e Gelbcke (2007), corroboram evidenciando que o relatório de sustentabilidade busca demonstrar o grau de responsabilidade social assumido pela empresa e assim prestar contas à sociedade pelo uso do patrimônio público, constituído pelos recursos naturais e humanos.

Além disso, os relatórios de sustentabilidade têm importante papel na redução da instabilidade dos preços das ações de empresas de capital aberto e do custo de capital, fornecendo também informações relevantes para os analistas de mercado, tornando esses relatórios uma necessidade e oportunidade (GRI, 2002).

Em matéria publicada no site Ideia Sustentável (2013), evidenciou-se que o Brasil está na 3ª posição em número de empresas que publicam relatórios de sustentabilidade, atrás somente da Espanha e dos Estados Unidos. Todavia, alguns autores afirmam que esses relatórios ainda carecem de qualidade e confiabilidade, ao passo que alguns estudiosos afirmam que tais relatórios, por evidenciar apenas informações que convêm às empresas que o elaboram, parecem mais ferramentas de marketing (MENEZES; CUNHA; DE LUCA, 2010).

Corroborando com esse posicionamento, Siqueira e Vidal (2003) afirmam que na maioria dos relatórios de sustentabilidade as empresas não apresentam fatos negativos e quando apresentam é de um modo sutil, sendo que em alguns casos a organização apresenta a informação negativa realizando arranjos para dar um tom positivo, a fim de reforçar algum ponto favorável da organização.

Ainda segundo Siqueira e Vidal (2003), um dos principais fatores que contribuem para falta de confiabilidade dos relatórios de sustentabilidade apresentados por empresas no Brasil, é a inexistência de leis que obriguem e definam o conteúdo dos Relatórios de Sustentabilidade. Sendo assim, os autores afirmam que essa omissão inviabiliza a fiscalização desses relatórios, impossibilitando qualquer tipo de punição para aqueles não publicam ou para os que publicam informações inverídicas.

Diante da importância dos Relatórios de Sustentabilidade e os problemas que o envolvem, principalmente na apresentação do seu conteúdo, várias instituições como o IBASE, o Instituto Ethos de Empresas e Responsabilidade Social e a GRI, desprendem esforços em prol da padronização dos conteúdos mínimos evidenciados nos Relatórios de Sustentabilidade, buscando contribuir assim com o aumento da qualidade e da transparência de tais relatórios (GASPARINO; RIBEIRO, 2007).

Sendo assim, devido a sua importância e credibilidade no cenário mundial, na próxima seção será apresentado o modelo de relatório de sustentabilidade proposto pela organização GRI.

* Modelo GRI

É nesse contexto, visando o aperfeiçoamento de tais relatórios por meio da padronização dos conteúdos mínimos evidenciados por meio deles, que o instituto Global Reporting Initiative propôs o modelo de relatório GRI G3, amplamente aceito no cenário mundial.

Sobre esse modelo, Leite Filho, Prates e Guimarães (2009) evidenciam que ele oferece às empresas a possibilidade de publicarem seus relatórios de sustentabilidade em um padrão global, oferecendo benefícios gerenciais para as empresas, uma vez que esse modelo é apreciado pelos investidores e pelos demais usuários interessados no desenvolvimento sustentável.

No ano de 1999, a GRI elaborou a primeira versão das Diretrizes para Relatórios de Sustentabilidade, na qual até o ano de 2000 foi submetida a testes. Em 2002 foi lançada a segunda versão do modelo GRI e em outubro de 2006 a GRI lançou a terceira geração das Diretrizes, na qual ficou conhecida com G3 (ETHOS, 2007).

A terceira versão das diretrizes de relatório de sustentabilidade da GRI, o G3, como é conhecida, é dividida em duas partes. A primeira trata da definição do conteúdo do relatório que, através dos princípios da materialidade, de inclusão dos *stakeholders*[5], do contexto da sustentabilidade, da abrangência, do equilíbrio, da comparabilidade, da exatidão, da periodicidade, da confiabilidade e da clareza, ajudam a determinar o que a empresa irá expor no relatório, além de assegurar a qualidade do mesmo (GRI G3, 2006).

Já a segunda parte divide-se em outras três partes: o perfil da organização, descrevendo informações tais como sua estratégia, seu perfil e sua governança, que estabelecem o contexto geral para a compreensão do desempenho; a forma de gestão, que descreve o modo como a organização trata determinado conjunto de temas para fornecer o contexto para a compreensão do desempenho em uma área específica, e por último os indicadores de desempenho das dimensões econômicos, sociais e ambientais (GRI G3, 2006).

A seguir serão apresentados os conceitos de cada uma das dimensões de desempenho sustentável e um resumo dos indicadores, conforme apresentado pelo documento de diretrizes para a elaboração de relatórios de sustentabilidade da GRI G3 (2006).

- Indicadores de Desempenho Econômico

Conforme estabelecido no documento de diretrizes para a elaboração de relatórios de sustentabilidade da GRI G3 (2006), a dimensão econômica refere-se aos impactos da instituição sobre os aspectos econômicos das partes interessadas e do meio em que ela atua.

O modelo possuem nove indicadores de desempenho econômicos nomeados pelas siglas de EC1 a EC9 e divididos em três aspectos:

---

[5] Segundo Freeman (1988), *stakeholder* conceitua-se como sendo qualquer grupo ou indivíduo que pode afetar ou ser afetado pela conquista dos objetivos de uma empresa. Por exemplo: acionistas, credores, gerentes, empregados, consumidores, fornecedores, comunidade local e o público em geral.

desempenho econômico, presença no mercado e impactos econômicos indiretos.

- Indicadores de Desempenho Ambiental

Segundo descrito no documento de diretrizes para a elaboração de relatórios de sustentabilidade da GRI G3 (2006), a dimensão Ambiental refere-se aos impactos da empresa sobre os sistemas naturais vivos e não vivos.

Para evidenciar a dimensão Ambiental, o modela apresenta trinta indicadores nomeados com as siglas de EN1 a EN30 e divididos nos seguintes aspectos: materiais, energia, água, biodiversidade, emissões efluentes e resíduos, produtos e serviços, conformidade, transporte e geral

- Indicadores de Desempenho Social

Segundo descrito no documento de diretrizes para a elaboração de relatórios de sustentabilidade da GRI G3 (2006), a dimensão Social refere-se aos impactos que a organização exerce sobre os sistemas sociais em que ela atua.

Para relatar o desempenho social, o modelo apresenta quarenta indicadores que se subdividem em quatro categorias: práticas laborais e trabalho codigno, direitos humanos, a sociedade e a responsabilidade, que por sua vez cada categoria divide-se em aspecto conforme apresentado abaixo.

- **Práticas laborais e trabalho codigno** - formada por quatorze indicadores nomeados com as siglas LA1 a LA14 e divididos nos seguintes aspectos: emprego, relações entre funcionários e administração, segurança e saúde no trabalho, formação e educação e diversidade e igualdade de oportunidades.

- **Direitos humanos** - formada por nove indicadores nomeados com as siglas HR1 a HR9, sendo divididos nos seguintes aspectos: práticas de Investimento e de aquisições, não discriminação, liberdade de associação e acordo de negociação coletiva, trabalho infantil, trabalho forçado e escravo, práticas de segurança e direitos dos povos indígenas.

- **Sociedade** - formada por oito indicadores nomeados com as siglas SO1 a SO8, sendo divididos nos seguintes aspectos: comunidade, corrupção, políticas públicas, concorrência desleal e conformidade.

- **Responsabilidade pelo produto** - formada por oito indicadores nomeados com as siglas SO1 a SO8, sendo divididos nos seguintes aspectos: saúde e segurança do cliente, rotulagem de produtos e serviços, rotulagem de produtos e serviços, comunicação de marketing, privacidade do cliente e conformidade.

Estudos Anteriores

A partir da primeira versão do modelo GRI em 1999, várias pesquisas foram realizadas a fim de verificar as informações apresentadas nos relatórios de sustentabilidade das organizações. Gasparino e Ribeiro (2007) analisaram os relatórios de sustentabilidade de seis empresas do setor de papel e celulose, sendo três empresas dos Estados Unidos e três do Brasil, a fim de comparar as diferenças comportamentais e de evidenciação das empresas analisadas. Os resultados encontrados evidenciaram que os relatórios americanos possuem maior riqueza de informações, porém em todos os relatórios verificou-se a ausência de informações requeridas pela GRI.

Além disso, Gasparino e Ribeiro (2007) relataram que algumas das grandes empresas já perceberam a importância da divulgação de suas preocupações com o meio ambiente, seja para terem credibilidade e confiabilidade diante dos vários usuários dessa informação, ou pelos reflexos que essa divulgação tem em termos de capacidade competitiva.

Santos (2010) realizou um estudo de caso utilizando a empresa Natura, no intuito de avaliar a qualidade e o conteúdo de quatro relatórios de sustentabilidade da empresa, publicados no período de 2001 a 2007. A autora destacou um progresso da empresa na evidenciação de informações acerca da governança, formas de gestão e suas dimensões econômica, ambiental e social, porém apontou que há aspectos que a Natura ainda precisa evoluir para que a organização apresente relatos mais transparentes, coerentes e que reflitam os interesses dos seus *stakeholders*.

Travassos *et al.* (2013) analisaram a utilização dos indicadores essenciais do GRI G3 nos relatórios das empresas dos setores de petróleo gás e biocombustível e de utilidade pública no Brasil. Os resultados apontaram que a Petrobrás com 87,75% dos indicadores respondidos plenamente, foi a empresa com maior adesão as diretrizes do GRI. Além disso, os autores apontaram que a maioria das empresas analisadas teve maior dificuldade para apresentar os dados referentes à dimensão ambiental.

Corroborando com o desenvolvimento da literatura sobre o tema, Oliveira et al. (2013) investigaram o nível de adesão e o volume de publicações dos relatórios de sustentabilidade das empresas brasileiras, conforme as diretrizes da GRI no período de 2000 a 2008, utilizando cinco variáveis, tais como: Setor econômico de atuação das empresas; Ano de adesão às diretrizes; Nível de aplicação das diretrizes; Existência de ações negociadas em segmentos da Bolsa de Valores, Mercadorias e Futuros de São Paulo (BM&FBOVESPA); e Participação na composição do Índice de Sustentabilidade Empresarial (ISE) da BM&FBOVESPA. Os autores concluíram que o número de empresas que publicaram relatórios de sustentabilidade até o ano de 2008 ainda é pequeno, entretanto eles evidenciam que o número de publicações é crescente e que metade do volume de publicação na América Latina é de empresas brasileiras. Na próxima secção será apresentada a metodologia e a amostra de empresas utilizadas nesta pesquisa.

Metodologia

Essa pesquisa teve uma abordagem quantitativa que, segundo Richardson (1999), destaca como sendo uma abordagem caracterizada pela utilização de técnicas estatísticas, desde as mais simples, como percentual, média e desvio-padrão, até as mais complexas, como análise de regressão.

Além disso, este estudo caracteriza-se como sendo uma pesquisa descritiva que, segundo Beuren *et al.* (2008, p. 81)

> Configura-se como um estudo intermediário entre a pesquisa exploratória e a explicativa, ou seja, não é tão preliminar como a primeira nem tão aprofundada como a segunda. Nesse contexto, descrever significa identificar, relatar, comparar, entre outros aspectos.

Assim, essa pesquisa buscou identificar, relatar e comparar as informações contidas nos relatórios de sustentabilidade das empresas estudadas. Ademais, esta pesquisa foi realizada a partir da utilização de fontes documentais, que consistem nos Relatórios de Sustentabilidade obtidos através do *site* da Companhia de Valores Mobiliários (CVM) ou no *site* da própria empresa em estudo. Sendo assim, caracteriza-se como sendo uma pesquisa documental que, de acordo com Gil (1999), fundamenta-se na utilização de materiais que ainda não receberam um tratamento analítico ou que podem ser reelaborados de acordo com o objetivo do estudo.

Também foi realizada uma pesquisa bibliográfica, extraindo informações de materiais já elaborados, principalmente em livros e artigos. De acordo com Beuren (2008), as bibliografias consultadas neste tipo de pesquisa incluem todo o referencial que já foi tornado público em relação ao tema de estudo e é através delas que se reúnem informações sobre o assunto pesquisado, atribuindo-lhe uma nova leitura.

Já os dados foram interpretados através da análise de conteúdo, que, segundo Bardin (1977), é definida como um conjunto de procedimentos sistemáticos e objetivos de descrição do conteúdo das mensagens, que permitam a inferência de conhecimentos relativos às condições de produção e recepção destas mensagens.

A amostra foi formada pelas cinco maiores empresas que atuam no mercado capixaba e que adotaram o modelo GRI para elaboração do relatório de sustentabilidade. A escolha das maiores empresas para formar a amostra se justifica pelo fato de que as atividades das maiores empresas tendem a exercer maior impacto à sociedade.

Inicialmente foram identificadas as cinco maiores empresas atuantes no mercado capixaba, que adotaram o modelo GRI G3 no ano de 2012. Sendo assim, a amostra foi constituída pelas empresas Vale S.A, Samarco S.A, Heringe S.A, Arcelormittal S.A e a Petrobras Distribuidora S.A.

Em seguida, foram analisadas através de análise de conteúdo, as respostas de cada um dos indicadores das dimensões Ambiental, Social e Econômica, verificando apenas se as empresas atenderam a todos os requisitos estabelecidos em cada indicador. Vale ressaltar que essa pesquisa não verificará a veracidade das informações apresentadas pelas empresas em seu relatório de sustentabilidade.

Para facilitar a análise dos resultados, os indicadores analisados foram classificados por empresa em quatro situações: Atendeu, Atendeu parcialmente, Justificou e Não atendeu ou omitiu o indicador. Posteriormente foram calculadas as representatividades em percentual de cada uma dessas quatro situações, conforme a situação exemplo a seguir: Suponha que a empresa teve quinze dos trinta indicadores de desempenho ambiental classificados em situação de "atendeu", logo o resultado evidenciou que ela obteve 50% dos indicadores de desempenho ambiental atendidos. Por fim, para estabelecer o nível de adesão de cada empresa ao modelo GRI G3, foi considerado somente o percentual dos indicadores classificados com atendidos.

Resultados

Nesta seção são apresentados os resultados das análises das respostas aos indicadores evidenciados por empresa. Destaca-se que nas tabelas a linha "Achados da análise" refere-se aos resultados encontrados através das análises das respostas aos indicadores apresentados pela empresa, enquanto os dados evidenciados na linha "Reportados pela Empresa" refere-se à classificação que a própria empresa atribuiu às suas respostas para cada indicador, já as siglas (EC) refere-se aos indicadores de desempenho econômico, (*EN)* aos indicadores de desempenho ambiental, (*LA)* aos indicadores de desempenho social, referente às práticas laborais e Trabalho Condigno, (*HR)* aos Indicadores de desempenho social, referente a recursos humanos, (*SO)* aos indicadores de desempenho social, referente à sociedade e por último a sigla (PR) que refere-se aos indicadores de desempenho social, referentes à responsabilidade pelo produto. Assim, na tabela 1 são apresentados os resultados da empresa Vale S.A.

Tabela 1 – Resultados da empresa Vale S.A (em percentual)

VALE S.A		EC	EN	LA	HR	SO	PR	Total
Achados da Análise	Atendeu	67	70	86	78	100	44	73
	Atendeu Parcial	22	10	-	11	-	11	9
	Justificou	-	3	-	-	-	22	4
	Não Atendeu	11	17	14	11	-	22	14
Reportados pela Empresa	Atendeu	89	83	100	100	100	67	89
	Atendeu Parcial	11	13	-	-	-	11	8
	Justificou	-	-	-	-	-	-	-
	Não Atendeu	-	3	-	-	-	22	4

Fonte: Achados da pesquisa.

Analisando as respostas aos indicadores remissivos evidenciados no relatório de sustentabilidade da empresa Vale S.A e apresentados na tabela 1, verifica-se que a empresa atendeu plenamente aos requisitos mínimos em 73,42% dos indicadores do modelo GRI G3, restando 8,86% dos indicadores com respostas que atendem parcialmente aos requisitos e 13,92% dos indicadores omitidos. Esses números divergem dos apresentados pela empresa, a qual evidencia que atendeu plenamente em 88,61% dos casos, deixando apenas 3,80% dos indicadores sem respostas.

Além disso, observa-se que, com exceção ao indicador de desempenho social referente à responsabilidade do produto (PR), que obteve um grau de adesão pleno de 44,44%, os demais indicadores apresentaram um grau de adesão superior a 66% de repostas que atenderam plenamente aos requisitos. Esses números demonstram a dificuldade da empresa em responder aos indicadores de responsabilidade do produto, como no caso do PR1, no qual solicita informações sobre os ciclos de vida dos produtos e serviços em que os impactos de saúde e segurança são avaliados, com o objetivo de efetuar melhorias, bem como a percentagem das principais categorias de produtos e serviços sujeitas a tais procedimentos. Já na tabela 2 são apresentados os resultados da empresa Samarco S.A.

Tabela 2 – Resultados da empresa Samarco S.A (em percentual)

SAMARCO S.A		EC	EN	LA	HR	SO	PR	TOTAL
Achados da Análise	Atendeu	44	80	79	100	63	89	77
	Atendeu Parcial	44	13	14	-	38	11	**18**
	Justificou	-	-	-	-	-	-	-
	Não Atendeu	11	7	7	-	-	-	**5**
Reportados pela Empresa	Atendeu	78	90	86	100	88	89	**89**
	Atendeu Parcial	22	10	14	-	13	11	**11**
	Justificou	-	-	-	-	-	-	-
	Não Atendeu	-	-	-	-	-	-	-

Fonte: Achados da pesquisa.

Com relação à Mineradora Samarco S.A, foi identificado que a empresa reportou em seu relatório que respondeu a todos os requisitos solicitados em 88,61% dos indicadores, sem omitir ou justificar algum indicador. Porém, na análise realizada nesta pesquisa, constatou-se que a empresa atendeu plenamente em 77,22% dos indicadores e 17,72% parcialmente.

Essa diferença se deve ao fato de que o critério de classificação utilizado pela empresa é diferente do utilizado nesta pesquisa. Ao responder a um requisito da seguinte forma: *"Será reportado no Relatório de 2013"*, a empresa considera que atendeu parcialmente ao que foi solicitado, porém esta pesquisa classificou que a empresa não atendeu aos requisitos mínimos solicitados pelo modelo GRI G3, pois não divulgou a informação, apesar de ter informado que reportará no Relatório de 2013.

Tabela 3 – Resultados da empresa ArcelorMittal S.A (em percentual)

ARCELORMITTAL S.A		EC	EN	LA	HR	SO	PR	TOTAL
Achados da Análise	Atendeu	56	70	64	33	63	22	57
	Atendeu Parcial	22	20	14	33	-	11	18
	Justificou	-	3	-	-	-	-	1
	Não Atendeu	22	7	21	33	38	67	24
Reportados pela Empresa	Atendeu	56	53	50	44	50	22	48
	Atendeu Parcial	22	30	43	-	13	11	24
	Justificou	-	-	-	22	-	-	3
	Não Atendeu	22	17	7	33	38	67	25

Fonte: Achados da pesquisa.

Já na tabela 3, a qual refere-se à empresa ArcelorMittal S.A, identificou-se que de acordo com o relatado por esta pesquisa, o índice dos indicadores que atenderam plenamente foi de 56,96%. Esta classificação, diferente das demais apresentadas, ficou acima do reportado pela própria empresa, que foi de 48,10%.

Como a diferença percentual entre os indicadores não atendidos divulgados pela empresa e os achados nesta pesquisa foi de pouco mais de 1%, há indícios de que a explicação para um maior percentual da classificação de indicadores plenamente atendidos, comparado ao evidenciado pela empresa, deve-se ao fato de que, parte dos indicadores que a ArcelorMittal considerou parcialmente atendidos, foram considerados plenamente atendidos na análise realizada nesta pesquisa.

Na tabela 4 são reportados os resultados da empresa Heringer S.A, operante no ramo de química e petroquímica.

Tabela 4 – Resultados da empresa Heringer S.A (em percentual)

HERINGER S.A		EC	EN	LA	HR	SO	PR	TOTAL
Achados da Análise	Atendeu	22	43	50	44	-	33	37
	Atendeu Parcial	11	20	21	22	13	11	18
	Justificou	-	-	-	-	-	-	-
	Não Atendeu	67	37	29	33	88	56	46
Reportados pela Empresa	Atendeu	22	43	43	56	-	44	38
	Atendeu Parcial	11	20	21	-	25	-	15
	Justificou	-	-	-	-	-	-	-
	Não Atendeu	67	37	36	44	75	56	47

Fonte: Achados da pesquisa.

Quanto à empresa Heringer S.A, verifica-se um menor percentual de respostas que atenderam plenamente, dentre as demais empresas analisadas, sendo este percentual de 36,71%. Além disso, um agravante a essa situação é o total de indicadores, cerca de 45,57%, que foram omitidos ou que as respostas apresentadas não atenderam ao solicitado pelo modelo proposto do GRI.

Contudo, a empresa apresenta transparência no relato da situação das informações apresentadas para cada indicador, na qual tecnicamente se equiparam aos encontrados nesta pesquisa através da análise do conteúdo. Na tabela 5 são apresentados os achados da Petrobrás distribuidora S.A.

Tabela 5 – Resultados da empresa Petrobrás Distribuidora S.A (em percentual)

PETROBRÁS DIST. S.A		EC	EN	LA	HR	SO	PR	TOTAL
Achados da Análise	Atendeu	100	73	71	67	88	89	78
	Atendeu Parcial	-	20	7	22	-	11	13
	Justificou	-	-	-	-	13	-	1
	Não Atendeu	-	7	21	11	-	-	8
Reportados pela Empresa	Atendeu	100	100	100	100	100	100	100
	Atendeu Parcial	-	-	-	-	-	-	-
	Justificou	-	-	-	-	-	-	-
	Não Atendeu	-	-	-	-	-	-	-

Fonte: Achados da pesquisa.

A priori é importante ressaltar que a Petrobrás Distribuidora S.A não possui um relatório de sustentabilidade próprio, sendo suas informações reportadas através do relatório da Petrobrás S.A. Assim conforme tabela apresentada, a empresa relatou que atendeu plenamente a todos os requisitos dos indicadores do modelo GRI G3, porém, conforme análise realizada nesta pesquisa, verifica-se que a empresa não atendeu a 7,59% dos indicadores e que 12,66% foram respondidos parcialmente.

Entretanto, dentre todas as empresas analisadas, a Petrobrás Distribuidora S.A é a empresa que possui o maior grau de adesão ao modelo GRI G3, com 78% dos indicadores atendidos plenamente.

Por fim, na tabela 6 é apresentada a consolidação dos resultados de todas as empresas estudadas nesta pesquisa.

Tabela 6 – Resultado consolidado das empresas (em percentual)

RESUMO DAS EMPRESAS		EC	EN	LA	HR	SO	PR	TOTAL
Achados da Análise	Atendeu	58	67	70	64	63	56	**65**
	Atendeu Parcial	20	17	11	18	10	11	**15**
	Justificou	-	1	-	-	3	4	**1**
	Não Atendeu	22	15	19	18	25	29	**19**
Reportados pela Empresa	Atendeu	69	74	76	80	68	64	71
	Atendeu Parcial	13	15	16	-	10	7	12
	Justificou	-	-	-	4	-	-	1
	Não Atendeu	18	11	9	16	23	29	17

Fonte: Achados da pesquisa.

Nota-se que no geral 64,56% dos indicadores são atendidos plenamente e 14,94% são atendidos parcialmente. Avaliando o grau de adesão ao modelo GRI G3, através apenas das respostas completas, pode-se concluir que os níveis de adesão das empresas estudadas giram em torno de 65%. Esse grau de adesão aumenta consideravelmente para aproximadamente 76% se forem incluídos os indicadores respondidos parcialmente.

Conclusão

Esta pesquisa teve como objetivo investigar o nível de adesão às diretrizes do modelo GRI G3 das cinco maiores empresas atuantes no mercado capixaba, que adotaram esse modelo para elaboração do Relatório de Sustentabilidade.

Os resultados evidenciaram que, apesar dos sete anos de existência do modelo GRI G3, as empresas ainda não conseguiram aderir completamente ao modelo. Em uma análise geral, verificou-se que aproximadamente 65% dos indicadores foram respondidos, observando plenamente os requisitos mínimos solicitados pelo modelo. Esses números apontam que, com relação à qualidade dos relatórios de sustentabilidade, as empresas atuantes no mercado capixaba ainda têm muito a aperfeiçoar.

Outro ponto a considerar é que, com exceção da Samarco e a Petrobrás Distribuidora, todas as demais empresas não alcançaram sequer 50% de atendimento pleno para o indicador de responsabilidade do produto. Isso pode ser um indício da falta de preocupação que as organizações possuem com o pós-venda.

Observa-se também que em todos os casos as empresas tendem a minimizar as omissões das informações classificando como plenamente ou parcialmente atendidos, indicadores que não alcançaram esses status na análise desta pesquisa. Isso pode confundir a análise do usuário da informação e assim prejudicar suas decisões, seja de investimento ou simplesmente de acompanhamento das práticas sustentáveis da organização.

Agora, considerando somente os indicadores classificados como "atendeu" para identificar o nível de adesão da empresa ao modelo GRI G3, conforme estabelecido na metodologia desta pesquisa, nota-se que na média geral, 64,56% dos indicadores dos relatórios de todas as empresas foram classificadas como "atendeu", sendo esse mesmo percentual definido para estabelecer o nível geral de adesão das empresas estudadas ao modelo GRI G3.

Todavia, ao analisar individualmente cada empresa, verifica-se que três das cinco organizações, sendo elas a Vale S.A, a Samarco S.A e a Petrobrás Distribuidora S.A, alcançaram um percentual superior a 70% de indicadores classificados com atendeu (sendo respectivamente 73,42%, 77,22% e 78,48%), contra 56,96% da empresa ArcelorMittal S.A e 36,71% da empresa Heringer S.A.

Além disso, os resultados desta pesquisa evidenciaram que o nível de adesão das empresas ao modelo GRI G3 não teve relação com o tamanho da empresa, medido pela receita da mesma, porém há indícios que pode ter relação com o seguimento em que elas atuam.

Por fim, como sugestão para futuras pesquisas, seria interessante repetir este estudo aumentando o período analisado para três anos a fim de verificar a evolução do nível de adesão das empresas nesse período.

Referências

BARDIN, L. *Análise de conteúdo*. Lisboa: Edições 70, 1977.

BEUREN, I.M. *Como elaborar trabalhos monográficos em contabilidade*: teoria e prática. 3º Ed. São Paulo. Atlas, 2008.

BRASIL é o 3º país em publicação de relatórios de sustentabilidade. Disponível em: <http://www.ideiasustentavel.com.br/2013/07/brasil-e-o-3%C2%BA-pais-com-maior-publicacao-de-relatorios-de-sustentabilidade/> Acesso em: 04 nov. 2013.

CARVALHO, F. M.; SIQUEIRA, J. R. M. Análise da utilização dos indicadores essenciais da Global Reporting Initiative nos relatórios sociais e empresas latino-americanas. *Pensar Contábil*, v. 9, n. 38, 2007.

FREEMAN, C. Innovation and the strategy of the firm. In: FREEMAN, C. *The economics of industrial innovation*. Harmondsworth: Penguin Books Ltda, 1988.

GASPARINO, M. F.; RIBEIRO, M. S; Análise de relatórios de sustentabilidade, com ênfase na GRI: Comparação entre empresas do setor de papel e celulose dos EUA e Brasil. *Revista de Gestão Social e Ambiental*. V. 1, nº 1, pp. 102-115, jan – abr, 2007

GLOBAL REPORTING INITIATIVE. *Níveis de Aplicação da GRI*. 2006a. Disponível em: <http://www.globalreporting.org/NR/rdonlyres/0FF12693-CED7-4D07-847A106BC7D4080C/0/ApplicationLevelsPRT.pdf> Acesso em: 12 abr. 2013

GLOBAL REPORTING INTIATIVE. *Diretrizes para relatórios de sustentabilidade.* Disponível em <https://www.globalreporting.org/resourcelibrary/Portuquese-Starting-Points-2-G3.1.pdf>. Acesso em: 26 abril 2014.

GODOY, M. et al. Balanço social: convergências e divergências entre os modelos do IBASE, GRI E Instituto ETHOS. In: I Congresso UFSC de Controladoria e Finanças, 2007, Florianópolis: UFSC. v. I. p. 25-29.

HENDRICKSEN, E. S.; BREDA, M. F. Van. *Teoria da contabilidade.* Tradução de Antonio Zoratto Sanvicente. 5. ed. São Paulo: Atlas, 1999.

INSTITUTO ETHOS EMPRESAS E RESPONSABILIDADE SOCIAL. *Global Reporting Initiative.* 2007. Disponível em: <http://www.ethos.org.br/DesktopDefault.aspx?TabID=4200&Alias=Ethos&Lang=pt-BR>. Acesso em: 20 dez. 2013.

IPIRANGA, A. S. R. ; GODOY, A. S. ; BRUNSTEIN, J. Introdução à edição especial temática sobre desenvolvimento sustentável. *RAM. Revista de Administração Mackenzie* (Impresso), v. 12, p. 13-20, 2011.

IUDÍCIBUS, Sérgio de; MARTINS, Eliseu; GELBCKE, Ernesto Rubens. *Manual de contabilidade das sociedades por ações*: aplicável às demais sociedades. São Paulo: Atlas, 2007.

LEITE FILHO, Geraldo A.; PRATES, Lorene A.; GUIMARÃES, Thiago N. Análise dos níveis de evidenciação dos relatórios de sustentabilidade das empresas brasileiras A+ do Global Reporting Initiative (GRI) no ano de 2007. *RCO – Revista de Contabilidade e Organizações* – FEA-RP/USP, v. 3, n. 7, p. 43-59, set-dez. 2009.

MENEZES, A. F.; CUNHA, L. T.; DE LUCA, M. M. M. Evidenciação voluntária de informações sociais por empresas de capital aberto sediadas nas regiões Norte, Nordeste, Centro-Oeste e Sudeste do Brasil: um estudo com base nos indicadores de responsabilidade social corporativa da ONU. In: Congresso Brasileiro de Custos, 17, 2010, Belo Horizonte. *Anais...* São Leopoldo: ABC Custos, 2010.

NASCIMENTO, V.M. et al. Análise da utilização dos indicadores essenciais da versão G3 do GRI dos relatórios das empresas do setor bancário brasileiro. 11º congresso USP de contabilidade. São Paulo, Jul. 2011.

OLIVEIRA, M.A.S. et al. Relatórios de sustentabilidade segundo a Global Reporting Initiative (GRI): uma análise de correspondências entre os setores econômicos brasileiros. *Production Journal.* v. 23, n. 4, p. 55 – 70, 2013.

RICHARDSON, R.J. *Pesquisa social*: métodos e técnicas. 3. ed. São Paulo: Atlas, 1999.

GIL, A. C. *Métodos e técnicas em pesquisa social.* 5. ed. São Paulo: Atlas, 1999.

SANTOS, P. M.; A contribuição do modelo GRI para evolução do relato de sustentabilidade das organizações brasileiras: estudo de caso da Natura. VI Congresso Nacional de Excelência em Gestão. Rio de Janeiro, 2010.

SIQUEIRA, José Ricardo Maia de; VIDAL, Mario César Rodríguez. Balanços sociais brasileiros: uma análise de seu estágio atual. In: Congresso USP de Controladoria e Contabilidade, 2003, São Paulo. *Anais eletrônicos...* Disponível em: <http://www.eac.fea.usp.br/congressousp/ congresso 3/trabalhos/100.pdf>. Acesso em: 22 ago 2012.

TEIXEIRA, E. A.; NOSSA, V. Sinalizando responsabilidade social: relação entre o índice de sustentabilidade empresarial e a estrutura de capital das empresas. In: Congresso ANPCONT, 4., 2010, Natal. *Anais...* Blumenau: FURB, 2010.

TRAVASSOS, S.K.M. et al. Análise da utilização dos indicadores essenciais do GRI (G3) nos relatórios das empresas dos setores de petróleo, gás e biocombustível e de utilidade pública no Brasil. XVI SEMEAD, 2013.

Capítulo 6

Implicações do BSC nas práticas cotidianas que envolvem a gestão de pessoas: estudo de caso em uma instituição de educação profissional[6]

Robson Malacarne, Moisés Balassiano e Valcemiro Nossa

Introdução

As empresas convivem com uma série de contradições na relação com o funcionário, como no caso do conflito entre projetos pessoais e propósitos organizacionais (DAVEL; VERGARA, 2009). Para lidar com essas contradições, conforme revelam Pagès et al. (1987, p. 27), a organização utiliza-se de "termos mediadores" e "toda espécie de satisfação de ordem econômica, política, ideológica, psicológica" com o desafio de proporcionar ao funcionário "momentos de prazer e ao mesmo tempo garantir o controle". É nesse contexto que se desenvolveram as ferramentas gerenciais de controle, com o intuito de alinhar os interesses individuais aos organizacionais (WOOD JR., 2008).

Tais contradições se verificam no cotidiano, a partir das relações e conflitos entre as pessoas no processo de socialização do indivíduo na organização, situação na qual este indivíduo confronta sua história de vida e valores próprios com os padrões definidos pelo grupo ao qual se agregou na instituição (MOTTA et al., 2008).

Diante disso, o objetivo deste artigo é avaliar e discutir as conseqüências da ênfase das questões objetivas na relação da empresa

---

[6] Publicado originalmente na Organizações & Sociedade (v. 23, n. 78, p. 406-420, 2016).

com os funcionários, por meio da análise do processo no qual o BSC gera implicações nas práticas cotidianas que envolvem a gestão de pessoas nas organizações.

A discussão sobre os conflitos no cotidiano organizacional tem recebido especial atenção na literatura. Pagès et al. (1987) explica que o aumento desses conflitos se relaciona ao desenvolvimento de técnicas de administração a distância pela organizações multinacionais, com o intuito de permitir aos dirigentes controlar de maneira eficaz as unidades organizacionais localizadas nos diferentes países. Essa disseminação de técnicas e ferramentas gerenciais de controle é definida por Paula e Wood Jr (2008, p. 129) como "homogeneização de conceitos e práticas" resultado da crença de que "o mundo é controlável e todos os problemas do mundo podem ser resolvidos pela administração".

Enriquez (2009), por sua vez, afirma que o objetivo da instituição ao utilizar essas ferramentas é integrar a subjetividade do indivíduo aos objetivos estratégicos da empresa. No presente contexto escolheu-se a Teoria das Representações Sociais (TRS) que demonstra como as idiossincrasias individuais se relacionam com as práticas cotidianas por meio do processo de familiarização (MOSCOVICI, 1997, 2003). A proposta é estudar como o indivíduo lida com as diferenças entre o prescrito pela instituição, por meio das práticas de gestão de pessoas, e o vivido em suas práticas cotidianas.

O presente estudo se enquadra na abordagem interpretativa, na medida em que busca entender as diferentes representações sociais sobre as práticas de gestão de pessoas, com base na visão dos funcionários de três níveis hierárquicos de uma instituição de educação profissional. A escolha se justifica por ser um grupo que passou por inúmeras transformações, o que permitiu contemplar na discussão diversas questões relacionadas aos processos de mudanças. A forma utilizada para registro e tratamento dos dados foi o "tema" que, segundo Bardin (1977), refere-se à parte de um texto que expressa determinados significados em recortes obtidos a partir de critérios relacionados com o referencial teórico que orienta a análise.

No desenvolvimento do artigo primeiramente são discutidas as práticas de gestão de pessoas, impactos do BSC na gestão de pessoas e a Teoria das representações sociais. Em seguida, apresenta o estudo de caso para confrontar as proposições teóricas com as evidências empíricas. Por fim, são feitas as considerações finais do estudo.

Práticas de gestão de pessoas

As práticas de gestão de pessoas têm sido marcadas pela ênfase nas questões objetivas, apoiadas em ferramentas gerenciais que buscam o alinhamento dos interesses individuais aos organizacionais, entendendo a diversidade de opiniões e comportamentos como problemas a serem resolvidos e controlados (SILVA et al., 2008). Entretanto, a questão da subjetividade dos atores organizacionais vem se apresentando como uma perspectiva e um desafio para a gestão de pessoas (DAVEL; VERGARA, 2009).

Segundo Davel e Vergara (2009), a Administração de Recursos Humanos (ARH) pode ser explicada por três abordagens principais: funcionalista, estratégica e política. De acordo com a abordagem funcionalista, a ARH serve aos objetivos definidos pela direção da empresa, por meio da aplicação instrumental de técnicas, ferramentas e procedimentos. A abordagem estratégica da ARH, por sua vez, busca o alinhamento dos interesses individuais aos organizacionais. Sua forma de atuação "vai, então, alinhando suas funções tradicionais aos objetivos estratégicos da empresa [...] diante das imposições do mercado, com a finalidade de favorecer a adaptabilidade das pessoas às mudanças organizacionais e ambientais" (DAVEL; VERGARA, 2009, p. 36). No caso da abordagem política consideram-se as congruências e conflitos dos indivíduos, no que tange as dimensões políticas na relação com a organização e na diversidade de interesses na relação entre os empregados.

Wood Jr (2008, p. 280), no entanto, compreende a Função dos Recursos Humanos (FRH) a partir de duas perspectivas: uma função mais "tradicional, herdeira da Escola das Relações Humanas," com foco em "seleção, treinamento e desenvolvimento de pessoas"; e outra ligada a "áreas de qualidade, ou a programas corporativos de mudança organizacional", com foco em "gestão de processos de mudança".

Wood Jr (2008, p. 269) utiliza esses dois modelos para verificar qual paradigma prevalece nas práticas de gestão de pessoas: o funcionalista, fundamentado no racionalismo e nas relações de causalidade simples; ou o fenomenológico, baseado na interpretação dos sistemas de significados dos atores organizacionais. O autor conclui que apesar de a FRH mais próxima da área da qualidade se aproximar de alguns elementos de cultura, afastando-se do paradigma funcionalista, seu interesse em buscar "uma relação causal entre uma GRH correta e a performance organizacional, revela uma crença taylorista numa melhor prática" (WOOD JR, 2008, p.281).

O que se verifica, portanto, é que esse modelo de gestão utiliza alguns elementos da cultura para alcançar o seu objetivo: manter o que é convergente aos interesses organizacionais e alinhar os possíveis conflitos e ambiguidades à estratégia e interesses da corporação. Assim como Davel e Vergara (2009), Wood Jr (2008) conclui que há uma predominância do paradigma funcionalista nas práticas de gestão de pessoas, na qual a aplicação instrumental de técnicas, ferramentas e a busca das melhores práticas são as principais características.

Ao analisar as práticas de gestão de pessoas a partir das concepções e perspectivas discutidas por Davel e Vergara (2009) e Wood Jr (2008), verifica-se que as questões subjetivas tradicionalmente não são consideradas na gestão de pessoas. Entretanto, tais questões contribuem com a mudança do olhar sobre as pessoas na organização, na medida em que se reconhece a sua complexidade e diversidade de opiniões e comportamentos, ou seja, "[...] a gestão deve ser aprimorada com base na riqueza e complexidade das pessoas que dinamizam a vida organizacional" (DAVEL; VERGARA, 2009, p. 305).

Desse modo assume-se aqui o conceito de "teia" ou "rede de relações" definidas por Davel e Vergara (2009, p. 307), que consiste em compreender a organização como um espaço de "múltiplas relações" que estão "intensamente interconectadas". Para lidar com essa realidade complexa, os autores propõem que a ARH deve se dedicar a compreender quais relações são estabelecidas pelos indivíduos na instituição, como ocorrem as mudanças nesta rede e "como os administradores agem para estabelecer, manter e mudar relacionamentos". Justifica-se e ressalta-se, deste modo, a relevância de se compreender as diferenças entre as práticas de gestão de pessoas (prescritas pela instituição) e as práticas cotidianas, vividas pelo indivíduo na organização.

Impactos do BSC na gestão de pessoas

As organizações multinacionais desenvolveram técnicas de administração à distância, com intuito de permitir aos dirigentes controlar de maneira eficaz as unidades organizacionais localizadas nos diferentes países (PAGÈS et al., 1987). Tais técnicas se aliam a práticas de gestão de pessoas que buscam a sedução e a fidelidade do trabalhador às regras das empresas (ENRIQUEZ, 2009), o que contribui para que os gerentes controlem as unidades organizacionais sem a necessidade de sua presença constante.

Motta et al. (2008, p.89) chegam a afirmar que as organizações são "instâncias de produção de bens, de conhecimentos etc., bem como instâncias de controle, a serviço de sistemas sociais maiores." Neste contexto é que ganham importância as ferramentas gerenciais que auxiliam este controle, como por exemplo, o BSC, o Gerenciamento da Qualidade Total (TQM), entre outros sistemas de regras. A disseminação de ferramentas gerenciais de controle faz parte do que Paula e Wood Jr (2008, p.129) definiram como "homogeneização de conceitos e práticas" no qual "o mundo é controlável e todos os problemas do mundo podem ser resolvidos pela administração".

A adesão a essa lógica faz emergir outros desafios para a gestão de pessoas, principalmente com relação à concepção, aplicação e controle desse sistema de regras (PAGÈS et al.,1987). No que tange à concepção, busca-se um sistema que integre a dinâmica econômica ao cotidiano da organização em suas diversas dimensões, para isso é importante que a aplicação das regras leve em consideração as singularidades, conflitos e paradoxos organizacionais enfrentados pelos executivos da empresa (PAGÈS et al.,1987).

Para manter a conformidade da ação do indivíduo às regras financeiras e não financeiras da organização utilizam-se as práticas de gestão de pessoas para a sedução do trabalhador. Lima (1995, p. 131) denomina essas práticas como "estratégias de sedução da empresa". Dutta e Reichelstein (2003) afirmam que a tendência é ampliar as medidas de avaliação de desempenho com variáveis não financeiras, que são avaliadas subjetivamente. Enriquez (2009), por sua vez, assume uma posição crítica com relação a esta proposta de instrumentalizar a subjetividade por meio de ferramentas. O autor afirma que a intenção da instituição ao utilizar tais práticas é controlar e submeter à vida psíquica do trabalhador ao projeto organizacional, ou seja, integrar a subjetividade do indivíduo aos objetivos estratégicos da empresa.

Diante de tais mudanças, com relação ao exercício do poder nas organizações e o uso de sistemas de regras para o alcance deste objetivo, vale destacar a lacuna existente na literatura contemporânea com relação a estudos que avaliam o impacto das ferramentas gerenciais sobre as práticas cotidianas que envolvem a gestão de pessoas. O que vai ao encontro da afirmação de Davel e Vergara (2009) e Wood Jr (2008) de que há predominância de estudos que priorizam a análise das questões objetivas na gestão de pessoas e não consideram as questões subjetivas

Ao reconhecer que o BSC busca alinhar as práticas de gestão de pessoas ao planejamento estratégico da empresa, assume-se que seu enfoque com relação ao olhar sobre as pessoas se concentra no aspecto funcionalista (WOOD JR, 2008), na medida em que o importante é alinhar o comportamento e os objetivos individuais aos interesses organizacionais. No entanto, faz-se importante compreender como as pessoas reagem às pressões para o alcance das metas estabelecidas pelo BSC, oferecendo uma perspectiva pouco explorada na literatura. A proposta é estudar as diferenças entre o prescrito pela instituição por meio das práticas de gestão de pessoas e o vivido pelos indivíduos em suas práticas cotidianas. Nesta linha de pensamento compreende-se o conflito, a diversidade de opiniões, a subjetividade como algo próprio e presente nas relações humanas (DAVEL; VERGARA, 2009).

Pode-se afirmar que o BSC se constitui em ferramenta gerencial que leva à criação de um modelo para compreender o mundo, uma ideologia organizacional (EDENIUS; HASSELBLADH, 2002). Tal visão do BSC, como ideologia, fica nítida quando seus criadores (KAPLAN e NORTON, 2000, p.261) afirmam que os funcionários devem estar alinhados à estratégia da organização, ao ponto de envolverem suas famílias no monitoramento e realização dos indicadores. Paula e Silva (2005) chegam a afirmar que o BSC se caracteriza como uma ferramenta que viabiliza o controle social dentro das organizações, já que, por meio do discurso da eficácia na realização da estratégia da corporação, se impõem indicadores definidos pela alta direção e se vincula o desempenho individual ao projeto organizacional, ignorando as contradições percebidas entre o prescrito e o vivido, o estabelecido nas regras e o construído nas relações entre as pessoas (MOTTA et al., 2008).

O foco deste estudo no impacto do BSC nas práticas de gestão de pessoas justifica-se por se entender que esta ferramenta gerencial representa a aplicação do paradigma funcionalista que acredita que tudo deve ser mensurado e controlado na organização (PAULA; WOOD JR 2008). Sob este enfoque, as políticas de recursos humanos se colocam como práticas de poder no cotidiano organizacional ao estabelecerem e imporem as pessoas modelos de comportamento em diversos níveis, seja ele econômico, político, ideológico, ou psicológico (PAGÈS et al., 1987; GAULEJAC, 2007). Ao assumir tal condição, a compreensão da relação entre a ferramenta gerencial BSC e as práticas cotidianas que envolvem a gestão de pessoas implantadas na Empresa B pressupõe a compreensão das representações sociais que o indivíduo constrói no cotidiano da instituição (LAROCHE, 1995; CAVEDON; FERRAZ, 2005).

A Teoria das Representações Sociais (TRS)

A TRS demonstra como as idiossincrasias individuais se relacionam com as práticas cotidianas. A origem da TRS remete à discussão de que as representações sociais são um fenômeno do nosso cotidiano (MOSCOVICI, 1997; 2003). O autor entende que os sujeitos são resultados da realidade social e ao mesmo tempo influenciam o grupo ou espaço que estão inseridos, gerando dificuldades para a identificação dos limites entre o individual e social (FARR, 1995).

Almeida (2005, p.127) apresenta três abordagens para pesquisar as representações sociais: culturalista; social; e estrutural. Apesar de cada abordagem possuir característica própria, de uma maneira geral elas buscam identificar o processo de formação e transformação das representações sociais, os elementos que constituem a representação social de um objeto e como as representações sociais "orientam os comportamentos e as práticas" (ALMEIDA, 2005, p. 123). Este estudo optou por essa linha de investigação que pesquisa como as representações sociais orientam os comportamentos e as práticas, como um meio de compreender quais as implicações do BSC nas práticas cotidianas que envolvem a gestão de pessoas. As práticas cotidianas estão relacionadas à "conduta efetiva dos indivíduos" e a "freqüência dessa realização" (ROUQUETTE, 2000, p. 44).

Desse modo, o indivíduo se relaciona com as práticas cotidianas por meio do processo de familiarização que envolve as representações sociais. Esse processo ocorre por meio da ancoragem e da objetivação. A ancoragem classifica, nomeia e rotula o que não é familiar e a objetivação torna material algo que é abstrato, proporcionando ao indivíduo a capacidade de representar esse algo que foi nomeado (CAVEDON, 1999).

Cavedon e Ferraz (2005) vão ao encontro dessa perspectiva de valorizar as práticas cotidianas na medida em que discutem que o saber institucionalizado está "desvinculado" do cotidiano "naquilo que diz respeito às re-significações atribuídas a este conhecimento", ou seja, os atores sociais produzem este "saber" do cotidiano permeando o saber institucionalizado de significados construídos de acordo com o contexto. Desta forma, as práticas cotidianas vividas pelos atores organizacionais diferenciam-se das práticas de gestão de pessoas (prescritas pela instituição). Diante disso deve-se ficar atento ao processo de desenvolvimento de representações sociais dos indivíduos em função da realidade social que estão inseridos. Doise (2002) propõe três hipóteses como forma de organizar as relações entre indivíduos e grupos.

A primeira hipótese assume que um grupo possui certas crenças comuns em uma dada "relação social". As representações sociais se constroem nas relações de comunicação estabelecidas. A segunda hipótese concentra-se em explicar porque os sujeitos mantêm relações diferentes na relação com certas representações. Por fim, na terceira hipótese reflete-se sobre a ancoragem das tomadas de decisão ao considerar "as hierarquias de valores, as percepções que os indivíduos constroem entre grupos e categorias e as experiências sociais que eles partilham com o outro" (DOISE, 2002, p. 7).

Laroche (1995) é convergente com este pensamento e demonstra como é importante entender a decisão e a tomada de decisão dos indivíduos nas corporações como representações sociais, já que elas influenciam os processos, facilitam a ação e dão significado ao que acontece nas organizações.

Rouquette (2000, p. 43) colabora com esta discussão ao afirmar que há uma correlação entre práticas e representações sociais, e não uma dependência causal, sendo "as representações como uma condição das práticas, e as práticas como um agente de transformação das representações". Reconhece-se, portanto, que as representações sociais são processos desenvolvidos socialmente, cuja origem é possível de localizar. No entanto, esta origem "é sempre inacabada" e influenciada pelo contexto, já que os indivíduos agem a partir de suas "representações da realidade" e constantemente as renovam.

Método de pesquisa

Na busca das questões particulares das pessoas envolvidas no processo de implantação e monitoramento do BSC (MINAYO, 2007) foi realizada uma pesquisa de análise qualitativa. Participaram da amostra tanto os gestores de recursos humanos, que participam na definição dos elementos do BSC, quanto os funcionários de outros níveis hierárquicos envolvidos na repercussão das metas, ações e diretrizes dessa ferramenta gerencial.

Optou-se pelo estudo do caso de uma unidade operacional de um grupo do setor de educação profissional como lócus da pesquisa, doravante denominada Unidade UOP3. A escolha se justifica por ser um grupo que passado por processos de mudanças, como a integração na gestão de entidades e implantação de diversas práticas de gestão de pessoas. Tal fato permitiu incluir na discussão empírica questões relacionadas a esses processos, como a postura da alta direção com a implantação de normas corporativas que não correspondem à realidade cotidiana dos funcionários das unidades.

A definição das unidades amostrais teve como critérios básicos: 1) Envolvimento na definição de práticas de gestão de pessoas e na implantação e monitoramento do BSC, no período de 2004 a 2009; 2) Acessibilidade, com restrição ao estudo da Unidade Organizacional "UOP 3", que possui a maior produtividade e número de funcionários da Empresa. A coleta de dados envolveu múltiplas fontes de evidências (TRIVIÑOS, 1987; MINAYO, 2007; YIN, 2001) ampliando a abrangência da pesquisa pela entrevista semi-estruturada e análise dos documentos e registros em arquivos. Para a análise de dados utilizou-se da Análise do Conteúdo.

O tratamento de dados baseou-se nas seguintes "proposições teóricas" (YIN, 2001), resultados da revisão bibliográfica e de interpretações da pesquisa:

a) Assume-se que os atores organizacionais e a instituição inserem-se em uma realidade social. Este é o lugar onde o "sujeito psíquico" assume o papel de recriar e interpretar a "rede de significados já constituídos". Ou seja, "a realidade social – representada por outros – desempenha um papel constitutivo na gênese das representações" (JOVCHELOVICTH 1995, p. 78-79; MOSCOVICI, 1993).

b) No contexto institucional, por sua vez, verifica-se a implantação de ferramentas gerenciais como o BSC, com o intuito de instrumentalizar a subjetividade dos indivíduos a favor dos interesses institucionais (ENRIQUEZ, 2009). Tais ferramentas se relacionam e geram impactos nas práticas cotidianas (ROUQUETTE, 2000) que envolvem a gestão de pessoas.

c) O indivíduo, neste cenário, constrói suas representações sociais confrontando seus conhecimentos, valores e metas pessoais com o "saber institucionalizado", os modelos de comportamento, e os objetivos estabelecidos pela instituição (CAVEDON e FERRAZ, 2005).

A unidade de registro adotada, por sua vez, foi o "tema", que segundo Bardin (1977), refere-se à parte de um texto que expressa certos significados em fragmentos obtidos a partir de critérios relacionados com o referencial teórico que orienta a análise.

A empresa pesquisada, doravante denominada Empresa B, constitui-se de órgão normativos, Conselho Nacional e Conselhos Regionais, com a função de delinear as diretrizes e aprovar os resultados operacionais, além de órgãos executivos, compostos pelo Departamento Nacional e por representantes dos 27 Departamentos Regionais. O Departamento Nacional coordena a execução de políticas definidas pelo Conselho Nacional, e de projetos, em parceria com os Departamentos Regionais, que executam os projetos e programas.

A Empresa B é um Departamento Regional integrante do Grupo A junto com outras quatro instituições. Destaca-se, porém, que determinadas áreas da Empresa B são administradas de maneira compartilhada pelo Grupo A. O Gerente 1 (Responsável pela gestão estratégica da Empresa B) afirma que, alinhado a tendência nacional, a Empresa B implantou o BSC em 2004 com o intuito de monitorar o seu desempenho estratégico. Destaca-se que foram entrevistados além do Gerente 1 mais três Gerentes da Empresa B. Do Grupo A foram entrevistados o Diretor, o Assessor do Diretor e o Assessor do RH. Na Unidade Organizacional "UOP 3", por sua vez, entrevistou-se o Gerente Geral, dois Coordenadores e seis Subordinados.

Análise dos dados

A seguir são analisadas as entrevistas dos atores organizacionais dos diferentes níveis da Empresa com o intuito de identificar as implicações do BSC nas representações sociais sobre as práticas de gestão de pessoas. As entrevistas foram realizadas no período entre 2004 e 2009. A análise está subdividida em três categorias que subsidiarão as conclusões: desenvolvimento das práticas de gestão de pessoas no cotidiano da Empresa, relação entre práticas de gestão de pessoas e práticas cotidianas, e implicações do BSC nas práticas cotidianas que envolvem a gestão de pessoas. Destaca-se que os trechos das entrevistas foram transcritos de maneira direta, preservando os discursos dos atores e substituindo o nome real das instituições pelos nomes fictícios de Empresa B e Grupo A.

*Desenvolvimento das práticas de gestão de pessoas no cotidiano da Empresa

Sobre o desenvolvimento das práticas de gestão de pessoas os dados revelaram que o Grupo A passou por mudanças que acabaram influenciando a operacionalização das políticas e práticas na Empresa. Destaca-se a eleição de novo presidente em 2004 que assumiu com uma concepção de integração do grupo, o que afetou o Setor de RH, já que antes "cada instituição tinha o seu departamento pessoal" (Assessora de RH) que desenvolvia suas políticas e práticas de gestão de pessoas. Conforme confirma o Gerente 1:

> Por muitos anos o RH ficou sendo mais um departamento pessoal... Práticas de gestão praticamente não existiam... Era praticamente ponto, folha de pagamento, e pequenos benefícios. Gestão de RH praticamente não era feita... Com esta nova diretoria foi realizada uma reforma no setor de recursos humanos a fim de construírem ferramentas de RH (Gerente 1)

Verifica-se que a nova diretoria não se limita a compreender a ARH conforme a abordagem funcionalista, como um setor que deve se restringir à aplicação de técnicas, ferramentas e procedimentos (DAVEL; VERGARA, p. 34). O Setor de RH passou a ser visto como uma área responsável pela integração de valores (SCHEIN, 1985) e desenvolvimento de políticas de recursos humanos. Tais políticas, segundo Pagès et al. (1987), "são práticas de poder" que "formalizam as intenções da alta administração" (DAVEL; VERGARA, p. 47).

Essa influência do presidente e da nova diretoria no setor de RH é confirmada pela Gerente de RH que afirma que ficou surpresa com "as demandas do presidente" com relação à integração do grupo e desenvolvimento das práticas de gestão de pessoas. Conforme informação da Assessora de RH o BSC também influenciou o RH já que um dos programas que possui mais investimento do setor se originou a partir de um dos objetivos estratégicos do BSC: "Aumentar a escolaridade dos funcionários". Tal programa foi citado por outros funcionários conforme fragmentos abaixo:

> A gente trabalha aqui 8 horas por dia e eu ter a oportunidade de estar estudando ao mesmo tempo pra mim é bom. E ter quem cobra isso, o meu serviço, me cobrando este estudo pra mim é bom (Coordenador 1)

> Hoje nós temos também o programa que a gente chama Programa X, [...], ele consegue ajudar os funcionários que querem levar à frente o ensino regular pagando um percentual dos seus estudos (Subordinado 6)

Ao analisar a maneira como as práticas de gestão de pessoas são implantadas, por sua vez, verifica-se que alguns aspectos se destacam: a falta de participação dos funcionários nas decisões e de conhecimento sobre as práticas de gestão de pessoas, conforme os fragmentos a seguir:

Nós sentimos dificuldade aqui na unidade quando no início do ano anterior surgiu a idéia de integrar o grupo, e ai nós tínhamos duas opções: integra ou integra! E ai você sabe que a gente integra fisicamente, burocraticamente, mas no pessoal eu não me sinto muito integrada, não eu pessoa, mas eu funcionária (Subordinado 1).

É o seguinte: o termo gestão eu entendo como você administra pessoas. Olha, eu vejo que a prática aqui dentro, ela deixa um pouco a desejar, porque pelo período que eu *to* aqui tiveram três trocas de gestão e isto gera impacto porque se incia o trabalho depois pára (Subordinado 2)

Esses fragmentos demonstram os efeitos das práticas de gestão de pessoas no cotidiano dos funcionários, o Subordinado 1 destaca a falta de diálogo no que tange ao tema da integração das instituições do sistema. O Subordinado 2 afirma que a troca de gestão gera impacto no desenvolvimento da equipe, pois a cada gestão se interrompem os projetos e se iniciam novos. O Diretor da Empresa confirma essa informação e relata o caso do plano de cargos e salários:

Então, *tava* pronto esse plano de cargos e salários, ai entrou na gestão do novo presidente do Grupo A em 2004, que foi, vamos acabar com o plano da Empresa. Tinha 3 meses que nós estávamos implantando o plano (Diretor)

Tais afirmações vão ao encontro de Davel e Vergara (2009) de que se priorizam as questões objetivas na relação com as pessoas e não se considera as questões subjetivas neste processo. Verifica-se, portanto, discordâncias com relação à forma com que as práticas de gestão de pessoas são desenvolvidas. Outro ponto a se considerar é o confronto entre o vivido no cotidiano e o prescrito pela instituição (ROULEAU, 2009), assunto a ser discutido no próximo tópico.

* Relação entre práticas de gestão de pessoas e práticas cotidianas

As discordâncias na forma com que as práticas de gestão de pessoas são desenvolvidas na Empresa acabam influenciando a relação com as práticas cotidianas. Os fragmentos abaixo revelam que há um conflito entre normas e regras corporativas e o cotidiano dos funcionários.

> Nós aqui sempre perguntamos se tem alguma norma corporativa. Nós sabemos que tem muitas normas, discordamos pela dificuldade que é, nós sabemos que foi imposta pelo departamento que talvez não conheçam exatamente a realidade das unidades, então a gente tenta ser flexível quanto a isso, indo diretamente ao centro, se eu posso ligar para o edifício do Grupo A e tentar manipular isso aê pra conseguir o que eu preciso a gente faz (Coordenador 1)

> Eu percebo que eles buscam cumprir as normas, mas ainda têm muita dificuldade de entender todas as normas. Até porque são muitas. Nós temos muitas normas corporativas [...] (Gerente Unidade UOP 3)

Verifica-se que o Coordenador 1 afirma que a dificuldade em lidar, no dia a dia, com as normas impostas pelo departamento é tão evidente, que se faz necessário manipulá-las, para alcançar os objetivos da própria instituição. O Gerente da Unidade UOP 3 reconhece a existência de muitas normas e a dificuldade de compreendê-las. Outro ponto a ser discutido é o conflito entre os objetivos individuais e objetivos organizacionais, principalmente com relação à influência política que a organização recebe conforme observado nos trechos a seguir:

> O que a gente observa aqui dentro da nossa empresa, por ser uma empresa muito política com interferências muito fortes, sazonalmente falando, é que muitas vezes você tem um plano de trabalho, um plano de ação, fruto de um planejamento estratégico que foi feito, e na execução deste plano naturalmente, a Empresa vai alterando a forma de executar (Gerente 2)

A gente tem objetivos estratégicos e indicadores para medir este desempenho, a gente mede o desempenho e cobra o desempenho em cima de indicadores, então a forma de alinhar é fazer com que as pessoas saibam quais são os indicadores que elas vão ser medidas, o desempenho delas, e fazer esta medição e cobrar esta medição por estes resultados (Gerente 1)

Na opinião do Gerente 1 a maneira de lidar com o conflito de objetivos é a medição do desempenho por meio de indicadores de modo a atender aos objetivos estratégicos da instituição, entretanto, o Assessor RH, o Gerente 2 revela que ocorrem situações em que o planejamento estratégico não é considerado e prevalecem interesses individuais devido à interferência política no processo.

No que se refere à cobrança de metas, verifica-se que os funcionários destacam dois aspectos que interferem no cotidiano do trabalho: a implantação do BSC e o início da nova gestão em 2004. Como se verifica nos trechos a seguir o Subordinado 2 e o Subordinado 3 afirmam que não se cobrava metas antes de 2004. Os dois, inclusive, questionam as práticas adotadas depois de 2004, com ênfase em números e metas, o que na opinião destes funcionários acabou gerando queda na qualidade do serviço oferecido aos alunos.

Era *light*. De lá pra cá a coisa foi apertando. De 2008 pra cá apertou mais... a gente trabalha com educação, com educação profissional que é um pouco diferente, então eu não sei até que ponto isto *tá* certo, cria números, números e números e a gente *tá* vendo alguns problemas, [...] você alcança os números, agora a qualidade destes números ... (?) (Subordinado 3).

Em 2004 iniciou a gestão do nosso atual presidente, antes disso, eu *tô* desde 1999, não se cobrava tanto. Poderia ser feito muito mais, mas não se cobrava, depois de 2004 começou esta questão de meta, metas a atingir, mas não se adequou a estrutura. Se tivesse feito uma adequação desta estrutura com certeza teria sido bem melhor, por exemplo, os laboratórios, a escola ela foi projetada pra trabalhar com uma quantidade de alunos, e hoje ta trabalhando com 20, 30. (Subordinado 2)

O Assessor de Diretor confirma essas informações dos Subordinados 2 e 3 ao afirmar que a partir de 2004 "passou a se ter um sistema de trabalho mais profissionalizado no sentido de se buscar resultado, com o menor custeio possível e com maior rendimento do trabalho". O Assessor RH, por sua vez, diz que é complicado trabalhar com metas e indicadores devido à postura da alta direção, que exige integração de outros setores, mas aparentemente não senta para dialogar e definir a metodologia de trabalho.

> A dificuldade que a gente tem *prá* área corporativa, é que o sistema não é integrado. Nós somos integrados, *prá* atender a todos, mas eles estão separados, eles agem como se tivesse que ter um método, um jeito pra fazer *prá* cada um. É difícil, *prá* nós trabalharmos em cima de metas, indicadores. É difícil, é complicado porque a gente tem que se adaptar ao jeito deles [...] e o pior eu acho que eles não sentam *prá* discutir, então fica a sensação que a gente *tá* mandando os relatórios, mas eles não são utilizados (Assessor RH).

O Gerente 4 e o Gerente 1, no entanto, afirmam que o BSC trouxe benefícios para a instituição principalmente com relação ao gerenciamento das atividades. Destaca-se que o Gerente 1 concorda com o Subordinado 2 com relação à inexistência de metas antes de 2004, o que na opinião do Gerente 1 mudou com a implantação do BSC.

> Em 2004 quando foi implantado o BSC duas coisas ficaram marcantes, primeiro foi a definição de indicadores e indicação de metas, estas metas propiciam você ter um horizonte, você ter um foco, você ter um objetivo a cumprir dentro da sua função, isto facilitou o gerenciamento das suas atividades, e também uma focalização das atividades que agregam valor ao se atingir a meta (Gerente 4)

> Antes do BSC nós não fazíamos medição de desempenho com cobrança, pra ter resultados, sempre tinha alguns indicadores dispersos, mas com a implantação do BSC nós pudemos ter uma medição focada no resultado, no objetivo principal, na missão da instituição [...] Antes você fazia uma previsão do que ia alcançar hoje você determina uma meta pra alcançar... Sem dúvida o BSC trouxe uma visão de medição de desempenho (Gerente 1)

Os depoimentos revelam o conflito entre práticas de gestão de pessoas e práticas cotidianas. O indivíduo no confronto diário com modelos de comportamento (metas, indicadores, normas corporativas e BSC), permeia este saber institucionalizado de significados construídos de acordo com o contexto (CAVEDON; FERRAZ, 2005) com o intuito de "defini-las como conformes, ou divergentes" da realidade cotidiana vivida por ele (MOSCOVICI, 2003, p.65).

O que se verifica nos depoimentos é que certas atitudes colaboram para o conflito entre o prescrito e o vivido na instituição (ROULEAU, 2009) e geram implicações para as práticas cotidianas que envolvem a gestão de pessoas como, por exemplo: a postura da alta gestão que não consegue enxergar a realidade do funcionário (Coordenador 2) ao definir normas corporativas que não correspondem a "realidade das unidades (Coordenador 1)"; a pressão política externa que faz com que o "planejamento estratégico (Gerente 3)" prescrito, não seja respeitado e prevaleçam os interesses de alguns sindicatos (vivido); e a ênfase em números, metas e indicadores (prescrito), que prejudicam a relação com os alunos (vivido) e prejudica a qualidade dos serviços oferecidos, já que em um espaço que têm capacidade pra poucos estudantes "hoje *tá* trabalhando com vinte a trinta (Subordinado 2)".

Percebe-se que são várias as situações que geram implicações nas práticas cotidianas dos funcionários. No próximo tópico se discutirá mais especificamente as implicações do BSC no cotidiano da instituição.

* Implicações do BSC nas práticas cotidianas que envolvem a gestão de pessoas

O indivíduo se relaciona com as práticas cotidianas por meio do processo de familiarização que envolve as representações sociais. Este processo ocorre por meio da ancoragem e da objetivação de modo a possibilitar ao sujeito a capacidade de nomear o não familiar e representar o que foi nomeado (CAVEDON, 1999). No presente caso o não-familiar é o BSC. Verifica-se nos trechos abaixo que no processo de implantação do BSC o envolvimento dos funcionários se restringiu à alta direção, nível gerencial e alguns representantes de processos considerados importantes para a instituição.

> As unidades foram envolvidas, tinham representantes, alguns momentos traziam todo mundo pra cá, gerentes, *prá* discutir, (Assessor RH)

> A participação era feita basicamente com equipes de líderes. Eram as pessoas que tinham conhecimento de processos importantes da instituição que eram líderes, eram gerentes nas unidades. Teve o envolvimento da direção regional, todos os gerentes das unidades e pessoas representativas dos processos importantes da instituição (Gerente 1)

Os dados revelam que tal postura gerou resistência e insatisfação de alguns setores, principalmente devido a três causas: desconhecimento da ferramenta; dificuldade de adaptação das pessoas ao uso de metas e indicadores; mudança no ritmo de trabalho dos funcionários para alcançar as metas definidas. Os Subordinados 5 e 6 reforçam a informação de que a falta de conhecimento sobre a ferramenta BSC é um dos motivos para a resistência e dificuldade em sua implantação. O Subordinado 5, inclusive, destaca que os docentes são o nível hierárquico com menos informação sobre o BSC.

> Eu acho que a maioria aqui não conhece. Pode ser os superiores os coordenadores, gerente, acredito que todos eles conhecem, mas eu acho que a parte de docência, que é a maior parte dos funcionários, não tem conhecimento não (Subordinado 5)

> Não é um programa que aqui na unidade esteja funcionando, que as pessoas tenham conhecimento, que saiba como funciona. Assim todo o processo, o mapa, nós tivemos reuniões não sei se foram todas as necessárias para implantação.. (Subordinado 6)

Os Subordinados 1 e 6, por sua vez, destacam que o BSC aumentou a cobrança de metas e afetou o cotidiano dos funcionários gerando mudança no ritmo de trabalho para alcançar as metas estabelecidas.

> A Empresa vem de uma história, como se fosse um órgão público sem a gente ter muita cobrança, sem ter que apresentar muitas informações como uma empresa privada tem que dar resultado. Foi quando começou o BSC em 2004. Desde então que *tá* sendo cobrado da gente aluno-hora, [...] Metas bem desafiadoras, cada vez metas mais desafiadoras, cada ano mais desafiadoras (Subordinado 6).

> A cada ano existe mais pressão, mais cobrança, muito mais. Tudo o que você faz ainda é pouco, você cumpriu sua meta ótimo, ano que vem você dobra ela, eu que já entrei no processo, quem é da velha guarda *tá* trocando parafuso de lugar, era muito sereno e agora *tá* muito acalorado... (Subordinado 1)

Verifica-se, por meio da análise dos diferentes trechos dos entrevistados, que cada nível hierárquico sofreu implicações do BSC de uma maneira diferente em suas práticas cotidianas (DOISE, 2002). Os gerentes do nível da alta direção compreendem o BSC como uma ferramenta que transformou a instituição no que se refere ao estabelecimento de metas, indicadores e acompanhamento de projetos. O Gerente 3, entretanto, reconhece a necessidade de uma boa comunicação do gestor com os membros de sua equipe para evitar resistências e críticas a implantação da ferramenta.

> [...] eu acho que foi um sistema que veio transformar a cultura da instituição, acompanhamento dos processos, acompanhamento das ações, dos projetos. Com certeza mudou muito a cabeça das pessoas, principalmente dos gerentes das unidades *né*? dos coordenadores das pessoas, o corpo gerencial, de cada unidade (Assessor do Diretor)

> O BSC é uma ferramenta que é usada em grandes corporações, que pra mim é eficaz, você recebe indicadores essenciais, estabelecido dentro do sistema, qual é o grande gargalo, como que o gestor pega aquela planilha, decodifica aquilo e principalmente, ele passa aquilo pra o time? (Gerente 3)

O Coordenador 2 destaca que a relação com o BSC se limita a alimentação de informações e a elaboração de relatórios. Ele compreende o BSC como uma ferramenta de controle de prazos, um painel de bordo, um sistema que tem que ficar alimentando com informação:

> Prazo, porque a gente tem metas, porque a gente tem que ficar alimentando o sistema com informação e o BSC, ele te dá o caminho *prá* onde você quer chegar, seria como uma ferramenta de controle, um painel de bordo né, as pessoas tem que *tá* se monitorando, cada pessoa é uma peça que faz parte de um todo, várias analogias são colocadas ai (Coordenador 2),

Tal afirmação revela que o BSC foi utilizado na Empresa como um instrumento de poder, uma maneira de impor a vontade da alta direção sobre os outros níveis hierárquicos, justificadas pelos argumentos de eficácia e eficiência a fim de não assumir a relação dessas ações com o lucro e o poder (PAGÈS et al., 1987). Os Subordinados, por sua vez, destacam que apesar de não conhecerem todo o BSC acreditam que a ferramenta tem sido utilizada para determinar e monitorar as metas e isso gera impacto no cotidiano do trabalho com a busca pelo alcance da meta a qualquer custo, conforme afirmação dos Subordinados 4 e 8 e exemplo citado pelo Subordinado 5:

> Eles não pensam em você, eles querem é começar o curso, eles pensam nas metas (Subordinado 4)

> Talvez eu esteja executando sem eu perceber, [...] o BSC tem as ferramentas de estatística também *né*? talvez eles estejam se baseando nelas pra fazer essas metas assim, essa cobrança de metas,. (Subordinado 8)

> Um exemplo é quando chega um curso em cima da hora e você não tem tempo de fazer um plano de aula, segunda feira vai começar um curso, *tá* na sexta e na segunda vai começar um curso, e o plano de aula não *tá* pronto, depois que eu terminei o curso, que eu percebi se eu começasse ele de uma maneira, o final seria mais proveitoso *pras* pessoas (Subordinado 5).

Tais afirmações demonstram que o BSC gerou implicações nas representações sociais das práticas de gestão de pessoas, de diferentes maneiras nos vários níveis hierárquicos da Empresa.

Considerações finais

Como proposto na discussão teórica, este estudo de caso avalia e discute o processo no qual o BSC gera implicações nas práticas cotidianas que envolvem a gestão de pessoas. Esta análise se fez com base nas representações sociais (MOSCOVICI, 2003) que "orientam os comportamentos e as práticas" dos sujeitos (ALMEIDA, 2005, p. 123). Desse modo, o indivíduo se relaciona com as práticas cotidianas por meio do processo de familiarização que envolve as representações sociais. O objetivo foi compreender a repercussão da ênfase nas questões objetivas na relação da empresa com os colaboradores dos diferentes níveis hierárquicos.

No processo de análise de dados destacou-se a eleição do novo presidente com a filosofia de integração das instituições do Grupo A e a implantação do BSC, como mudanças que influenciaram as práticas de gestão de pessoas. A tendência de implantar ferramentas gerenciais de controle na área de recursos humanos e de integrar a gestão e controle de instituições faz parte do que Paula e Wood Jr (2008, p.129) definiram como "homogeneização de conceitos e práticas" no qual "o mundo é controlável e todos os problemas do mundo podem ser resolvidos pela Administração".

Tais mudanças confirmam o que diz Davel e Vergara (2009) sobre a priorização das questões objetivas na relação com as pessoas e a não consideração das questões subjetivas nesse processo. Observou-se nos dados analisados o conflito entre o prescrito pelas práticas de gestão de pessoas e o vivido nas práticas cotidianas (ROULEAU, 2009), como por exemplo: a postura da alta direção que não conhece a realidade dos funcionários e desenvolvem normas corporativas que não correspondem à realidade cotidiana dos atores organizacionais. No entanto, devido à delimitação da pesquisa o estudo se dedicou mais especificamente à análise das implicações do BSC nas representações sociais sobre as práticas de gestão de pessoas.

Na análise das categorizações, verificou-se que a *alta direção* utilizou o BSC para impor seus interesses aos outros níveis hierárquicos, por meio da utilização de metas, indicadores e relatórios, gerando implicações nas práticas cotidianas que envolvem a gestão de pessoas de maneiras diferentes nos níveis hierárquicos da Empresa. Os *gerentes do nível da alta direção*, portanto, compreendem o BSC como uma ferramenta que transformou a instituição tornando-a mais profissional no que se refere ao estabelecimento de metas, indicadores e acompanhamento de projetos. Os *coordenadores e o Assessor de RH* entendem o BSC como uma ferramenta de controle de prazos, um painel de bordo, um sistema que tem que ser alimentado constantemente com informação.

Os *Subordinados,* por sua vez, acreditam que a ferramenta tem sido utilizada para determinar e monitorar as metas, o que impactou o seu cotidiano com a mudança no ritmo de trabalho para alcançá-las. Além disso, eles afirmam que o BSC gerou implicações na qualidade do serviço oferecido aos alunos, pois a ênfase na cobrança de resultados não foi acompanhada de investimentos na infraestrutura, como, por exemplo, a capacidade dos laboratórios. Os servidores também revelam que ocorreu uma mudança na exigência da Empresa no que se refere ao nível de escolaridade, com a implantação do Programa "X", resultado de um dos objetivos estratégicos definidos no BSC. Esse programa obrigou os funcionários a utilizarem o seu tempo livre para frequentar cursos com o intuito de aumentarem o seu grau de escolaridade, reduzindo o tempo dedicado a convivência familiar, por exemplo. Outra implicação revelada pelos servidores foi a medição do desempenho que leva em consideração apenas os objetivos da Empresa, sem considerar o objetivos individuais do funcionário, o que vai ao encontro da afirmação de Enriquez (2009) de que a organização busca integrar a subjetividade do indivíduo aos objetivos estratégicos da empresa, por meio da utilização de ferramentas de gestão.

Essas implicações nas práticas cotidianas, entretanto, não foram capazes de modificar as representações sociais sobre as práticas de gestão de pessoas existentes antes da implantação do BSC. O BSC trouxe novas metodologias para integrar os objetivos individuais dos subordinados aos objetivos da alta direção gerando implicações e mudanças nas *práticas cotidianas,* entretanto, a *representação social* das práticas de gestão de pessoas como instrumento de poder da alta direção não foi modificada. Tal constatação vai ao encontro do que afirma Rouquette (2000, p.43) de que há uma correlação entre *práticas* e *representações sociais* e não uma dependência causal, sendo "as representações como uma condição das práticas, e as práticas como um agente de transformação das representações", ou seja, as mudanças e implicações ocorridas nas práticas cotidianas (vividas pelo indivíduo) não resultaram na transformação das representações sociais sobre as práticas de gestão de pessoas (impostas pela alta direção).

Na atualidade este estudo oferece informações sobre como os indivíduos lidam com os conflitos entre o prescrito e o vivido na instituição (ROULEAU, 2009). Verifica-se que cada nível hierárquico reage às pressões para o alcance das metas previstas no BSC de uma maneira diferente. Os *gerentes da alta direção* compreendem a ferramenta como um instrumento para impor sua vontade aos outros níveis hierárquicos, os *coordenadores e o assessor de RH* acreditam que o BSC é utilizado para o controle de prazos. Os *subordinados,* por sua vez, são os que mais sofrem os impactos do BSC em suas práticas cotidianas, pois são afetados diretamente com a medição de desempenho que só leva em consideração os objetivos organizacionais ignorando os objetivos individuais. O conhecimento sobre a relação entre BSC, práticas de gestão de pessoas e práticas cotidianas contribui para os gestores lidarem com diversidade de opiniões, objetivos e comportamentos dos atores organizacionais (SILVA *et al.*, 2006).

Como limitações do trabalho, podem-se discutir a generalização das conclusões, já que este estudo busca "generalizar teorias (generalização analítica) e não enumerar frequências (generalização estatística)" (YIN, 2001, p.29). Além disso, ao utilizar a estratégia de entrevistas, os sujeitos da pesquisa podem revelar informações que não correspondem "a prática do grupo pesquisado", para superar este limite buscou-se estabelecer uma relação de confiança entre pesquisador e entrevistado, na qual ele mesmo indica outros sujeitos que podem corroborar as opiniões reveladas na entrevista (SÁ, 1998, p.51).

Como contribuição para trabalhos futuros, a intenção é que este estudo colabore para a discussão das subjetividades na gestão de pessoas e que os seus resultados possam facilitar a compreensão das questões que envolvem as práticas de gestão de pessoas e a relação com as práticas cotidianas. Sugere-se como oportunidade de pesquisa o aprofundamento da discussão sobre as implicações da pressão política externa no conflito entre o prescrito e vivido nas instituições (ROULEAU 2009), fator identificado nesse estudo como causa de dificuldades na relação da organização com os funcionários.

Referências

ALMEIDA, L.M. A pesquisa em representações sociais: proposições teórico-metodológicas. In: SANTOS, M.F.S.; ALMEIDA, L.M *Diálogos com a Teoria das Representações Sociais*. Ed. Universitária da UFPE, 2005.

BARDIN, L. *Análise de conteúdo*. Lisboa: Edições 70, 1977.

BECKER, B. E.; HUSELID, M.A.; ULRICK, D. *Gestão Estratégica de Pessoas com "Scorecard", Interligando pessoas, estratégia e performance*. 13ª reimpressão. Rio de Janeiro: Elsevier, 2001.

CAVEDON, N.R. As Representações Sociais dos Universitários sobre o Trabalho. In: ENCONTRO NACIONAL DA ASSOCIAÇÃO NACIONAL DOS PROGRAMAS DE PÓS-GRADUAÇÃO E PESQUISA EM ADMINISTRAÇÃO. *Anais*. ANPAD, 1999.

CAVEDON, N.R.; FERRAZ, D.L.S. Representações Sociais e Estratégias em Pequenos Comércios. *RAE- eletrônica* v. 4, n. 1, Art. 14, jan./jun. 2005.

DAVEL, E.; VERGARA, S.C.; Gestão com pessoas, subjetividade e objetividade nas organizações. DAVEL, E; VERGARA, S C. *Gestão com Pessoas e Subjetividade*. São Paulo: Atlas, 2009.

DAVEL, E.; VERGARA, S.C; Subjetividade, sensibilidades e estratégias de ação. DAVEL, Eduardo; VERGARA, Sylvia Contant. *Gestão com Pessoas e Subjetividade*. São Paulo: Atlas, 2009.

DUTTA, S.; REICHELSTEIN, S. Leading Indicator Variables, Performance Measurement, and Long-Term versus Short-Term Contracts. *Journal of Accounting Research*, Vol. 41, No. 5, Dec., 2003, p. 837-866.

DYSON, R.G. Strategy, Performance and Operational Research. *The Journal of the Operational Research Society*, Vol. 51, No. 1, Part Special Issue: OR and Strategy, Jan., 2000, p. 5-11

EDENIUS, M.; HASSELBLADH, H. The Balanced Scorecard as an intellectual technology. *Organization*, v.9, n.2, 2002, p. 249-274.

ENRIQUEZ, E.; Interioridade e organizações. DAVEL, Eduardo; VERGARA, Sylvia Contant. *Gestão com Pessoas e Subjetividade*. São Paulo: Atlas, 2009

FARR, R.M. Representações Sociais: a teoria e sua história. In: GUARESHI, P.A.; JOVCHELOVITCH, S. *Textos em Representações Sociais*. 8ª Ed. Petrópolis, RJ: Vozes, 1995.

GAULEJAC, V. de. *Gestão Como Doença Social* - Ideologia, Poder Gerencialista e Fragmentação Social. São Paulo: Brasil, 2007.

KAPLAN, R.S.; NORTON, D.P. *A Estratégia em Ação: Balanced Scorecard*. Rio de Janeiro: Campus, 1997.

KAPLAN, R.S.; NORTON, D.P. *Organização orientada para a estratégia*: como as empresas que adotam o balanced scorecard prosperam no novo ambiente de negócios. 6ª ed., Rio de Janeiro: Campus, 2000.

KAPLAN, R.S.; NORTON, D.P. *Mapas estratégicos*: convertendo ativos intangíveis em resultados tangíveis. Rio de Janeiro: Elsevier, 2004.

LIMA, M. E. A. *Os equívocos da excelência: as novas formas de sedução na empresa*. Petrópolis: Vozes, 1995.

MOSCOVICI, S. *Representações Sociais: Investigações em psicologia social*. Petrópolis, RJ: Vozes, 2003.

MOSCOVICI, S. Social Representations Theory and Social Constructionism. *Social Representations Mailing List 1*. Mensagens postadas entre 28 de abril e 27 de maio, 1997. Disponível em < http://psyberlink.flogiston.ru/internet/bits/mosc1.htm >.

MOTTA, F.C.P.; VASCONCELOS, I.F.F. G de; WOOD JR, T. O novo sentido da liderança: controle social nas organizações. WOOD JR, T.. *Mudança Organizacional*. São Paulo: Atlas, 2008.

PAGÈS, M. et al. *O Poder das Organizações*. São Paulo: Atlas, 1987. p. 97-141.

PAULA, A.P.P. de; SILVA, R.S. Balanced Scorecard: o Discurso da Estratégia e o Controle Social nas Organizações. In: ENCONTRO NACIONAL DA ASSOCIAÇÃO NACIONAL DOS PROGRAMAS DE PÓS-GRADUAÇÃO E PESQUISA EM ADMINISTRAÇÃO. *Anais*. ANPAD, 2005

PAULA, A.P.P. de; WOOD JR, T. *Pop-management*. WOOD JR, T. Mudança Organizacional. São Paulo: Atlas, 2008.

ROULEAU, L.; Emoção e Repertórios de gênero nas Organizações. DAVEL, E; VERGARA, S. C. *Gestão com Pessoas e Subjetividade*. São Paulo: Atlas, 2009

ROUQUETTE, M.L. Representações e Práticas Sociais: Alguns elementos teóricos. In: MOREIRA, A.S.P.; OLIVEIRA, D.C *Estudos Interdisciplinares de Representação Social*. 2.ed. Goiânia: AB, 2000.

SÁ, C.P. *A construção do Objeto de Pesquisa em Representações Sociais*. Rio de Janeiro: EdUERJ, 1998.

SCHEIN, E. *Organization cultures and leadership*: a dynamic view. San Francisco: Jossey-Bass, 1985. p.1-26; 70-96

SILVA, A.R.L. et al. Contradições gerenciais na disseminação da cultura corporativa: o caso de uma estatal brasileira. *Revista Brasileira de Administração Pública*, v. 40, p. 357-384, 2006.

SILVA, A.R.L. et al. Políticas de RH: Instrumentos de Consenso e Ambiguidade. *RAC*, Curitiba, v. 12, n. 1, p. 11-34, Jan./Mar. 2008.

TRIVIÑOS, A.N.S. *Introdução à pesquisa em ciências sociais: a pesquisa qualitativa em educação*. São Paulo: Atlas, 1987.

VERGARA, S. C. *Métodos de pesquisa em administração*. 2ª ed. São Paulo SP: Atlas, 2006.

YIN, R. K. *Estudo de caso: planejamento e métodos*. 2. ed. Porto Alegre: Bookman, 2001.

WOOD JR, T. *Mudança Organizacional*. São Paulo: Atlas, 2008.